こんなに近くにいるのに気持ちが伝わらないのはなぜ？

「ありのままでいいよ」が一瞬で伝わる

ハグする習慣

大切な人、
そして自分をハグ

日本ハグ協会 会長
高木さと子

コスモ21

はじめに

私はずっと、コミュニケーションツールとして「ハグ」を広める活動をしています。そのために「日本ハグ協会」も設立しました。

私が広めているハグは、欧米で行なわれるような挨拶のためのハグではなく、いつも身近にいる大切な相手、さらにはいちばん身近にいる自分自身を抱きしめるハグです。

あなたは身近な人に抱きしめられることはありますか。親に、夫に、妻に、ときには子どもに抱きしめられる、ハグされることはありますか。反対に、身近にいてくれる大切な人を抱きしめる、ハグすることはありますか。

『きみはいい子』という映画があります。そのサブタイトルは「抱きしめられたい。子どもだって。おとなだって。」となっていて、最後のほうで先生が教室の子どもたちに「今日の宿題は家族に抱きしめられてくることです」と語りかけるシーンがあります。

いつも一緒にいる間柄であっても、心は意外につながっていないことが多いものです。家族でさえそうだと思います。この映画のように、家族に抱きしめられるだけで人の心は、どんなに満たされることだろう、どんなに安心できることだろうと感じさせられます。大人だってそうです。「やっぱりハグって素敵だな」と感動した観客が多かったと思います。

かつての日本人は住宅事情もあって、家族が肌で触れ合うことの多い環境で暮らしていました。そんなスキンシップを通して自然に心のつながりを感じられるようになっていたのだと思います。

ところが、いつからか住宅事情が変わって、家庭の中でさえ個人の空間が優先されるようになり、家族が肌で触れ合うことも次第に少なくなっていきました。家族が一緒に食事をする機会が減り、たとえ一緒にいてもスマホを見ているといった光景はよく見られます。

それに比例するように、家族の人間関係も希薄になってきていると感じている方は、とても多いと思います。

アメリカの心理学者ロバート・ウォールディンガーさんは、75年に渡る成人発達に関する研究で、「良い人間関係こそ人生を幸福にする」と述べています。**〝私たちは職業的なスキルや経済的な能力がないと人生を幸福に生きることはできないと考えがちである。しかし、ほんとうに幸福を約束してくれるものは良い人間関係である〟**、という結論に達したと述べています。

人生でいちばんの土台となる人間関係は家族との関係ですが、私は100の言葉を交わすより1回のハグが家族の絆をはるかに深めると考えています。そのことを教えてくれたのがガンで亡くなった夫です。

末期ガンを宣告されたとき夫はまだ40代で、ガンの進行は早く、痛みとの闘いも壮絶でした。ある日、入院中の夫をいつものようにハグすると、「痛い」と言ったのです。それまでは、夫とハグをして絆を感じることはいつでもできて当然だと思っていました。

これからは愛する夫を思いきり抱きしめることができなくなるかもしれない。そう思うと、私の心は不安でいっぱいになりました。夫は発病から1年半の闘病を経て、46歳で他界しました。それから3年ほどは、意味もなく涙が流れてきて止まらなくなることがたびたびでした。ようやく泣かなくなった自分に気づいたのは、4年目を迎えたころです。

私はこの経験を通して、大切な人が生きていてくれるからこそ、目の前にいてくれるからこそ絆を深めることができる、抱きしめることができる、「愛してるよ」と伝えることもできることを学びました。

いつも身近にいる大切な人と良い人間関係をつくるためにハグは素晴らしい働きをしてくれる。「ありのままでいいよ」という気持ちが一瞬で伝わる。そう確信した私は、余計なお世話だと言われてもハグの大切さを日本中に、世界中に伝えようと決めたのです。

欧米人のようなハグは日本人には違和感があるでしょうが、いつも身近にいる、ほんとうに大切な人たちとの絆が薄れがちな今だからこそ、ハグを広める必要があると思ったのです。それは夫が残してくれた自分の使命だとも感じています。

ハグの大切さを伝えるために活動をはじめたころは、ハグについてどんなに熱心にお話ししても、「日本でハグ?」「フリーハグなの?」「高木さん、ハグしてくれるの？」と茶化されて、まっすぐ受け止めてもらえないこともありました。

資金も人手も無いなかで活動を続けていると、「私、なんのためにこんなことやっているんだろう。やめようかな」と気が重くなり、ほんとうにやめようと思ったことも何度かありました。

そんなとき私を勇気づけてくれたのは、ハグをしたら大切な人と心がつながったと感動してくれる方たちの笑顔です。ブログを読んで、見知らぬ誰かがメールで応援してくれることもよくありました。

「日本ハグ協会のＨＰを拝見させていただきました。『自分をハグ』『家族をハグ』『みんなをハグ』というハグのステップ、本当に素敵ですね。とても共感します！」

「ハグを通して心と心がつながれば社会全体がよくなるね」

「こんな時代だからこそ、ハグを通じて人と人が深くつながることが大切ですね。ハグっていいですよね！」

「今、大切な人にハグしています。笑顔があふれます。ハグって最高！」

どんなにたくさんの人と交流をしていても、あなたの身近にいる大切な人と心がつながっていないとしたら、ほんとうに生きる喜びを得られるでしょうか。ハグは、お互いの存在を丸ごと肯定して受け止め合う行為です。そこからほんとうに心が通い合うコミュニケーションは生まれてくることでしょう。

ハグを広めていくうちに、相手をハグしたくても「自分を受け入れることができなくて苦しんでいます」、相手を好きになりたくても「自分を好きになれないんです」という反応があることに気づきました。

そんなときは、いちばん身近な存在である自分自身をハグしてくださいとすすめています。自分の体を抱きしめて、「私は私のままでいい」「私は私が大好き」と語りかけると、ずっと気持ちが楽になります。ありのままの自分を肯定できると、相手をハグして肯定できるようになり、絆を深めることができるようになります。

本書では、大切な人をハグする効果や方法について、さらに自分自身をハグする効果や方法について紹介しています。

ハグは自分の体で今すぐできる行為です。少しの勇気は必要ですが、そこに素晴らしい世界が潜んでいることを発見していただければ、これ以上うれしいことはありません。

では、いよいよハグの扉を開けてみることにしましょう。

「ありのままでいいよ」が一瞬で伝わる　ハグする習慣☆もくじ

パートI　「ハグ」こそコミュニケーションの要

パートⅡ 自分をハグする

カバーデザイン◆中村　聡
本文イラスト◆かめろう

パートⅠ

「ハグ」こそ
コミュニケーションの要

身近な人と良い関係が築けない

私が企業の社員研修事業をはじめて12年、「日本ハグ協会　マザーさと子」と名乗るようになって7年が経ちます。

研修事業では、企業活動にとってタスク管理が必要なのはもちろんですが、働く人たちのマインドを高めることがもっと重要であると痛感してきました。

職場で思うように力を発揮できないという悩みの理由を聴いていると、やり方がわからないというより、職場や家庭のことでストレスを抱え、パフォーマンスが下がっていることがとても多いのです。

・上司の言い方が心に引っかかって仕事に集中できない
・自分の悪口を言われているようで気になって仕方がない
・一生懸命やっているのに評価してもらえない
・何でも面倒なことは押し付けられる

職場だけでなく、家庭に帰っても悩みを抱えている人もいます。

・育児に協力できず妻との関係が悪くなっている
・自分が仕事をすると夫の機嫌が悪くなる
・子どもが不登校である
・仕事のストレスを家庭に持ち込んでしまい雰囲気が悪くなる

職場でのストレスを抱えたまま家庭に帰り、家庭でもストレスになることがある。これでは家庭で癒されることは少なく、ネガティブな気持ちを切り替えることができないでしょう。翌日そのまま出勤するというパターンに陥ってしまいます。これでは、仕事のパフォーマンスも下がるばかりです。

個々の出来事に目が行きがちですが、これらは、どれも人間関係に関わることばかりです。そこでストレスを感じるいちばんの原因は、ふだんから良い人間関係を築けていないことにあります。

それはわかるけれど、では、どうしたら良い人間関係を築けるのか、それがわからないと相談されることがよくあります。書店に行って、コミュニケーションに関する本を見つけ、あれこれやってみたけど、やっぱりうまくいかないというのです。

世界中すべての人と仲よくしてくださいとは言いません。せめて一緒に暮らしている家族や職場の仲間とは良い関係を築きたいものです。そのために、ぜひおすすめしたいのが、相手のことを「運命の人」と思い直してハグすることなのです。

ハグは最上級のスキンシップ

ハグという言葉からどんなイメージを思い浮かべるでしょうか。英語ではＨＵＧと表記され、「（とくに愛情をもって）抱きしめる、抱擁する」という意味です。そこには、過ちや欠点なども含めて相手を受け入れる、包容するという意味も含まれているようです。
私は女性スタッフばかりの会社で働いていたことがあります。職場では朝

出勤時にスタッフと握手をすることにしていたのですが、あるとき冗談半分に「愛を伝えるなら握手じゃなくて、やっぱりハグだよね！」と言ってしまったのです。それがきっかけでハグをすることに。

女性ばかりの職場なので意外に抵抗なくはじめることができました。朝、スタッフが出社して来ると「おはよう」と声をかけながらハグをして迎えます。それを毎日続けていると、相手の心の状態が以前よりしっかり見えることに気づいたのです。

同じスタッフでも、ある朝は「おはようございます」と、まるでかわいい子犬のように駆け寄ってきてハグをしてくれます。ところが、別の朝は目を合わせず軽くお愛想でハグするだけです。日によって顔の表情が違うし、声のトーンや大きさも違いますが、ハグをすると体温や体の密着度の違いから相手の状態の違いがわかることもあります。

他人が入ってくると不快に感じる個人の領域をパーソナルスペースといいますが、ハグはそこに入り込んで相手を抱きしめるという行為です。ですから、言葉がなくても伝わることがとても多いのです。安心感を高めたり、悲しみを軽減したりする効果もあります。

一般に日本人はハグに抵抗感があると思われますが、身近な人とのスキンシップを大切にするという意味では、昔から家族で添い寝をしたり、一緒にお風呂に入るといった習慣を大切にしてきました。

ところが、プライバシーを尊重するという風潮のなかで、そうした身近な関係におけるスキンシップが軽視される傾向があるように感じます。スマホの普及などで情報交換は盛んになっているはずなのに、身近な人間関係ほどうまくいかずストレスを抱えている人が増えているのが現代社会の特徴です。

ハグを広めるなかで、ハグは最上級のスキンシップであると感じてきました。身近な人とこそ良い人間関係を築くために、ハグは大きな働きをしてくれます。実際にハグをしてみたら、

「たくさんの言葉を交わしていても伝わらなかった気持ちが伝わった」

「すごく安心できた」

「とてもウキウキして楽しくなった」

「ぐっと気持ちが上がった」

「ひとりぼっちではないと実感できた」
「自分の気持ちに寄り添ってもらえていると感じた」
「すごく心が落ち着いた」
そんな感想をたくさんお聞きします。生理学的には、ハグによって幸せホルモンであるオキシトシンや、感動ホルモンであるセロトニンが分泌されるといわれています。

とはいっても日本では、ハグというと欧米人のようにフレンドリーな挨拶として抱き合うイメージが強いため、ハグの本当の素晴らしさを伝えることは簡単ではありません。私は、大切な人に対してこそハグをしてほしいと考え、「日本ハグ協会」を設立して本格的にハグの普及に努めてきました。

ハグの習慣のない日本人のために「日本流ハグの作法」も考案しました。これについてはのちほど説明します。

私はハグの普及活動のなかで、いつも一緒にいたはずなのに、たった一度のハグで心と心が通い合ったという感動的な話に数多く出会ってきました。そのなかから、とくに印象に残るエピソードを紹介したいと思います。

ハグで家族との絆が深まる

「夫とのハグが教えてくれたこと」

結婚して15年目、私は主婦として夫や子どもたちに恵まれ、平穏な毎日を過ごしていました。そんなある日突然、わが家にとても大きな出来事が起こりました。医師から夫の末期ガンを告知されたのです。それは、

「手術はできません。放射線治療もできません。できることは、一日でも今の状態を継続できるよう延命治療することだけです」

という厳しいものでした。

私はショックで戸惑うばかりでしたが、夫はその翌日、当時小学生だった息子二人に直接、病気の話をしました。そして

「お前たちはついてる、ラッキーな子だよ」

続けて

「小学生で親がガンになるなんて、誰でも経験できることじゃない。お前たちは強い子になるんだ。パパも闘う姿を見せるから、お前たちはママを守ってほしい」

と語りかけました。

私の両親にも「ご迷惑をかけて申し訳ございません」と、手をついて謝りました。人は限界状態に置かれたとき、人間性が出てくるといいますが、あらためて夫の愛情に心打たれました。同時に、私にはいったい何ができるのだろうと考えさせられたのです。

そのとき私は、いつも笑顔でいよう、家族の太陽でいよう、そして、もう一度昔のように家族をハグしようと決めました。さっそく、当時小学4年生と6年生だった息子たちが朝、二階の部屋から降りてくるとき、階段の下で待ち構えて手を広げてハグしようと試みました。

ところが、思春期に入りはじめた二人はすぐに応じてくれません。まだ眠そうな次男は、どう応じたらいいのか戸惑ったようで、私を避けるようにして腕の下をすり抜けていきました。長男は照れくさそうにして、私の横を通り抜けていきました。

2日目も3日目も同じことをくり返しましたが、やっぱりハグに応じてくれません。夫のガンで家庭が重苦しくならないよう少しでも不安を取ってあげたい、笑顔で明るくしたいと心に決めてハグを求めているのに、そんな母親の気持ちは伝わらないのかなと思いました。

私は「どうしたらハグしてくれるんだろう」と自分に問いかけました。そのとき、ただ形だけハグをしようとしていたことに気づきました。「これから、いろんなことがあると思うけど、何があってもあなたたちのことをママが一生守る」と心に決めて4日目、手を広げました。

すると、まず次男が私の腕に飛び込んできました。その様子を見ていたわけではありませんが、長男も飛び込んできてくれました。私はしっかり二人をハグしました。子どもたちと今までなかったくらい強い絆でつながっていることを実感できたのです。

それから子どもたちの表情が明るくなるのがわかりました。驚いたのは、それ以上に私自身がすごく元気になれたことです。母親が明るく輝いているだけで、家族は安心してくれるし、雰囲気がとても明るく活気づきます。

1年半の闘病生活を経て夫は、あの世に旅立ってしまいましたが、あの日以来、なかなかハグできない思春期を経ながらも、子どもたちと私のハグは習慣になっています。

身近にいる家族だからこそ、ハグを通して心の絆を感じることがどんなに素敵なことか、今も日々実感しています。

♡ハグメッセージ ～大切な人との絆を深めるハグ～

私はこの経験を通して、「生きているからこそ、目の前にいてくれるからこそ互いにハグをすることができる、つながりを感じることができる」ことを教えてもらいました。

ハグといえば、親しい人同士が挨拶としてするハグや、はじめて出会った人たちとも自由にハグをする「フリーハグ」もあります。どちらもとても素晴らしいハグです。なかでも私がいちばん大切で、いちばん困難だと思うのが、いちばん近くの大切な人との絆を深めるハグをすることです。

そう確信した私は、「大切な人を大切にする」「大切な人にハグをする」ことを広めようと思いました。それを自分の生涯の使命にしようと決めました。そのための母体として「日本ハグ協会」も設立し、全国の家庭に、職場に、地域社会にハグの輪を広める活動をしています（日本ハグ協会 http://hug.sc）。

「小学校で出たハグの宿題」

ある小学校で、子どもたちに「ハグの宿題」が出されたことがあります。そのことを教えてくださったお母さんのお話です。

ある日、小学生のお子さんが学校から1枚のカードを持って帰ってきました。そのカードには、1週間分のカレンダーが掲載されていて、日付の下には○をつけるコーナーがあります。隣の箇所に「お父さん、お母さんとハグをした日には○をつける」と書いてありました。

お母さんは「あらまぁ……」と思いながらも、1週間、毎日○を付けるためにお子さんとハグをしたそうです。

「どうでしたか?」と感想をたずねると、

「じつは、私の毎日はあまりに忙しくて、いつも疲れている感じで……。そんな私の姿を、子どもはどんな目で見ているのだろうと思うと、少し不安でした。でも、子どもと毎日ハグをしているうちに、誰より私自身がシアワセな気分になれたのです」

と話してくださいました。

このお母さんとは、私がある病院のサロンに招かれたときに出会いました。この方のご主人は若くして脳梗塞《こうそく》になり、その後ずっと療養しておられました。同居しているお義父さんも病気なので、ご自宅では同時にお二人を介護されています。

子育てもありますから、自分の時間など到底取れず、あまりの忙しさに笑顔も忘れるほどだったそうです。

そんなとき、お子さんが学校で出された「ハグの宿題」を持って帰ってきたというのです。はじめは宿題に○を付けられるようにと思い形だけハグをしていましたが、続けているうちに、お子さんとの絆をあらためて感じることができたといいます。それだけでなく、ご自身の癒しにもなったというのです。

どうしてハグの宿題を出すことになったのか、お母さんにお願いして学校に確認していただきました。それは、ＰＴＡの働きかけではじまったようです。もしかしたら賛否両論あったかもしれない「ハグの宿題」は、実践した人だけが何かの気づきを得られる素敵な宿題になったにちがいないと思います。全国にも広がったら、きっと素敵でしょうね。

♡ハグメッセージ　〜ありのままに寄り添う〜

子どもにとって、いちばん身近な存在である親から「愛されている」と実感できることは生きる力の源になります。子どもがほんとうに欲しいのは、ありのままの自分を受け入れてもらえているという安心感なのです。

ハグすることで、相手の「ありのままに寄り添う」ことができます。しかも、ハグの素晴らしいところは、誰でもその気になれば行なえることです。特別な技能やお金は必要ありません。

じつは、この「ハグの宿題」には後日談があります。私が当時、連載していた中部経済新聞のコラム記事で、「ハグの宿題」のことを書きました。月2回発行されている「きぼう新聞」でも、このことを書きました。

「きぼう新聞」の読者さんが、娘さんの不登校で困っていた女性にこの記事の話をしたそうです。

「ハグをすると愛されているという実感が湧くんだって。実際にハグできなくても、ほんの数秒向き合い、目を見るだけでもいい。何よりハグしてあげる心の余裕が大事って書いてあってね」

その女性は娘さんと一緒に記事を読み、毎日言葉をかけ合いながらハグをしました。しばらくして、「私自身に余裕が出てきたからなのか、娘が学校に行くようになりました」と私に連絡してくれました。

やっぱりハグには、目に見えない大きなパワーがあるようです。

「ハグで愛の好循環が生まれる」

私は毎年、愛知県豊田市にある幼稚園と保育園の保護者代表の会で講演をさせていただいております。子どもとの関わり方やスキンシップ、夫婦の絆が子どもに与える影響などについてお話ししています。その参加者のお一人から、「ハグをしたらすごいことが起きた！」と、メールをいただきました。

「先日、講演を聞かせていただきました。

わが家は、5歳の長男と0歳の長女、夫の4人家族です。同じ敷地内には夫の両親も住んでいて、わが家への干渉が強くてストレスを感じていました。気づいたら、そのはけ口は子どもに向かっていたのです。

幼い子どもを叱っているのに感情をコントロールできず、自分を抑えられないくらい怒鳴りつけてしまうこともありました。子どもたちはいつもびくびくして、私の顔色を伺うようになっていました。

高木さんからハグのお話を聞いて、もう一度子どもたちを抱きしめたくなりました。その日の午後、幼稚園に迎えに行ったとき、思いっきり手を広げて息子をハグしようとしたら、私の脇をすり抜けて行ったんです。

『なんだ、まだ5歳なのに、もうハグしてくれないんだ……』

そう思いながら自宅に帰ってソファに座ると、すぐに
『さっきの、やってよ』

と、息子は私の胸に飛び込んできました。

それまでは何度「給食のコップと箸を洗うから出して」と言っても出さないので、いつも朝の忙しい時間に手を煩わされていたのに、『はい、ママ、コップ洗ってね』と持ってきてくれました。

『すごい！　これはすぐ、夫にもやってみよう！』と思い、夜仕事から帰ってきた夫にも勇気を出して手を広げてみました。すると
『どうしたの？　宝くじでも当たったの？』

と笑いながら、子どもの前でぎゅっと私をハグしてくれました。

その瞬間、私のカチカチに堅くなっていた心が不思議なほどほどけました。両手を広げてハグするだけで、こんなに自分の気持ちが優しくなれるなんてすごいですね。

お姑さんに対しても、夫を産んでくれたことを素直に感謝する気持ちが湧いてきました」

♡ハグメッセージ ～愛の好循環が生まれる～

心理学では、相手の存在を認める働きかけのことをストロークといいます。それには、大きく二つの方法があります。一つは、肯定的に働きかける方法です。ほめる、ねぎらう、ほほ笑む、握手をするといったことです。もう一つは、相手の成長のためにあえて否定的に働きかけることです。いちばんは、叱ることです。

ハグもストロークの一つで、無条件に相手を肯定するストロークです。「どんなあなたであっても、大切な存在よ」「生まれてきてくれて、ありがとう」というメッセージがしっかりと伝えられます。

子どもの心の中に、自分の存在価値が無条件に肯定されているという気持ちが育ってくると、困難にぶつかっても自ら成長しようとするエネルギーが湧いてくるようになります。

ふだんからハグや声かけなどで肯定的に関わり信頼関係ができてくると、たとえ叱られても「自分のために苦言を呈してくれている」と、しっかり受け止めることができます。

ハグそのものはきわめて単純な行為ですが、それを家族や身近にいる大切な人たちとくり返していると、必ず愛情の循環が起こってきます。たとえば親が「大丈夫だよ」「いいね」と言いながらハグをしていると、子どもはどんどんいろんなことにチャレンジして喜びを返してくれます。そんな子どもを見ていると、親はもっと愛おしさを感じるようになるでしょう。

夫婦がハグをして絆を深めていくと、夫は仕事でもっともっと力を発揮できます。妻も「こんな素敵な人と出会えた私は幸せだな」と感謝できるし、頑張る力も湧いてきます。そんな夫を生み育ててくれた親にも、感謝の気持ちが生まれます。

こんなふうにハグがきっかけで家庭の中に生まれた愛の好循環は、学校や企業、社会での愛の好循環へとつながっていきます。

「どんなときもハグを忘れないで！」

リコちゃんは二人の男の子の母親で、産後のママたちの体と心をケアするお仕事をしています。私が主宰する「ハグニケーション講座」（ハグとコミュニケーションを合わせて「ハグニケーション」と命名しました）に参加してくれたときのことです。

リコちゃんは自らの幼少時の体験を語ってくれました。彼女がまだ1歳のときに弟さんが生まれました。お母さんは出産のために入院することになり、リコちゃんは親戚に預けられました。

ところが、まだ幼いリコちゃんはお母さんと離れ、慣れない環境に置かれたからでしょう、食事をしなくなり、どんどん痩《や》せてしまったそうです。これは病気に違いないと心配したおじさんは、慌ててリコちゃんを病院に連れて行きました。

診察を終えたお医者さんが、おじさんに一言、こう言ったそうです。

「この子は寂しいだけですよ。寂しい病にかかっています。抱きしめてあげてください。この子に足りないのはハグです」

それから、お医者さんはリコちゃんをぎゅっと抱きしめました。おじさんにとっては、目から鱗の体験でした。それからは、彼女がいる間ずっとタイミングを見てはハグしてあげました。

まだ小さかったリコちゃんは、そのことを覚えてはいませんでした。ところがリコちゃんの結婚式で、おじさんがスピーチをしたとき、そのことを語り、最後にこう話してくれたそうです。

「これからは夫婦一緒に助け合い、いつでもハグし合える二人でいてほしい。子どもが生まれたら、しっかりとその子を抱きしめてあげてほしい」

幼いリコちゃんと体験したハグの大切さを祝福の言葉として贈ってくれたのです。

リコちゃんが目に涙を浮かべながら私にこの話をしてくれたときの姿が、今でも印象に残っています。

♡ハグメッセージ

～ハグは一生の宝～

お腹の中で10カ月守られていた命は、お腹から出た瞬間この世界に放り出されます。そのうえ、他の哺乳類と違い、生まれたての赤ちゃんは親の力に頼らずには自分でお乳を飲むこともできません。

それは、お母さんと赤ちゃんとの間にしっかりと絆を結ぶことによって、生きるための力が育つように神様が仕組まれたからかもしれません。だから、お母さんが赤ちゃんをしっかりハグすること、しっかりと抱きしめて育てることは何より大切なのです。

それによって母親との絆（愛着）が育まれると、赤ちゃんはいつも自分を守ってくれる人が近くにいる、自分が丸ごと愛されているという安心感や信頼感をもつことができます。自己を信頼する気持ちも育ち、どんどん新しいことにもチャレンジするようになります。

出産はお母さんにとっても赤ちゃんにとっても命がけの体験です。お母さんが、やっと生まれてきた赤ちゃんを抱きしめたくなるのは当然のことです。ところが、いざ育児がはじまると、日々のことに追われて抱きしめる余裕すら無くなることも。

だからこそ、ハグすることで基本的信頼感を得るためにも、しっかりと赤ちゃんをハグしてあげてほしいのです。その体験はお母さんにとっても赤ちゃんにとっても、きっと一生の宝になるはずです。

「ハグは世界平和に繋がるもっとも身近な行動！」

「2016ミスユニバース」岡山代表の磯部茉織さんが、「ハグの大切さを子どもたちに伝えたい。ぜひハグについて教えてください」と、岡山から「日本ハグ協会」のある名古屋まで来てくれました。

どうしてハグに関心を持ったのかたずねると、お父さん、お母さんとのハグの記憶が自分の生きる原動力になっているからだといいます。

駅でミスユニバースにチャレンジしないかとスカウトを受け、やってみたいと思ったそうです。ところが1年目は準備不足もあって、県の代表にすら選ばれなかったそうです。それが悔しくて茉織さんの本気モードにスイッチが入り、食事制限やトレーニング、ウォーキング、メイクやヘアセット、さらには人間力を磨く努力と、思いつくかぎりの自己研鑽を重ねました。その結果、二度目のチャレンジでは見事に岡山代表の座を獲得しました。

じつは、まだ女子大生だった彼女は、同時に国家資格である栄養士合格を目指して勉強も続けていました。ミスユニバースへの挑戦と二足のわらじで頑張っていたのです。

とくにスタイルを保つためのトレーニングがどんどんハードになるなか、チャレンジ精神が旺盛な彼女は、実家から大学まで通学できるにもかかわらず、それでは甘えてしまうと、わざわざ一人暮らしをはじめました。

「そこまでしてチャレンジし続ける底力はどこから湧いてくるの？」とたずねると、幼いころからいつも親がむぎゅっとハグをしてくれた記憶があるからだといいます。たとえ親子ゲンカになっても、最後は必ずハグで終わったそうです。

それは大学生になった今でも続いていて、ご両親はハグすることを子育てのポリシーの一つにされているようです。

最後に凛とした笑顔で

「この経験のある私だからこそ、子どもたちにもお母さんたちにも、親子でハグしてねって、自分で自分をハグしてねって伝えたいんです。それが自分を信じる源になるから‼」

と話してくれました。

一人暮らしをしている今は、疲れたとき、勇気を出したいとき、自分で励ましたいときは、しっかりと自分で自分をハグしているそうです。

♡ハグメッセージ ～自分自身を肯定できる～

親が子どもをハグしていると、子どもは自分のことを丸ごと受け入れてくれている、大切な存在だと認めてくれていると感じることができます。それによって自分自身をかけがえのない存在として肯定できるようになります。

それこそが生きる力を育みます。自尊感情が高まり、他者も尊重できる強い心が育ちます。

ハグというと、優しさや癒しの面ばかり連想しがちですが、幼いころから、ご両親にしっかり抱きしめられて育った茉織さんのお話を聞きながら、ハグには生きるための芯の強さを育んでくれる力があることをあらためて確信しました。

「パパとも毎日ハグ」

この本の原稿執筆中にハグを生活の中で普通のことのように実践している家族との出会いがありました。

高島さんは、小学校5年生、6年生の二人の息子さんと奥様に毎日ハグをし続けているそうです。

「小学校の高学年ともなれば男の子にとって父親とハグするのは、少し気恥ずかしい感じもすると思うのですがどうですか？」

と質問をすると、

「子どもが小さいときからずっと続けているから、子どももまったく抵抗はないし自然ですよ」

と、当たり前の日常としてハグの習慣について話してくださいました。

そもそもなぜハグをしはじめようと思ったのかと尋ねると、

「子どもたちに、自分は愛されているんだという実感をしっかりもって育ってほしかったというのがいちばんですね。それから、ハグだけじゃなくて必ず一言添えながらハグしています。

あと、夫婦でハグする姿を子どもたちが見れば、こんな仲良しのパパとママに育てられて幸せだなって思ってくれればいいなと思って」

と感動的な言葉が出てきます。

お子さんには、「よく生まれてきたね」「大好きだよ」「今日も楽しくね」という言葉を添えて、あるいはちょっと心配事があれば「大丈夫だよ」とか「何があってもパパとママは味方だからね」と言いながらハグするそうです。奥様には「愛してるよ」「いつもありがとう」と言ってハグをしているそうです。

母親からだけでなく、父親からもハグされて育つ息子さんたちは幸せなことだと思います。それこそ高島さんの思いが通じて、自分たちが大人になって親になったとき、そういえば子どものころ、お父さんからもいっぱいハグされたなと当時を思い出しながら、自分もお子さんにハグするかもしれませんね。

♡ハグメッセージ　～家族みんなに安心、リラックス効果～

仕事をしていても、学校へ行っていても、ご近所付き合いでも、一歩家庭を出れば、大人でも子どもでも、さまざまなストレスを避けて過ごすことは難しいでしょう。

高島さんの家庭のように、1日が終わって家に帰ったとき、大好きなパパにハグしてもらい、承認やねぎらいのメッセージをもらう習慣があるだけで、どんなに生きる力を与えられることでしょうか。

ハグは無条件で相手と肯定的に関わることです。ダイレクトに「ありのままでいいよ」と伝わります。存在そのものを承認する素晴らしい行為なのです。

ハグをすると、気持ちが安定し、リラックスできます。ストレスは軽減し、不安が解消されます。安眠できるので免疫力は向上し、やる気や元気が出ます。

ハグが習慣になれば家庭は円満になり、本当の意味で安心できる場となるでしょう。どんな栄養ドリンクを飲むよりもきっと効果抜群です。

お父さんが家族にハグすると、お母さんも家事や子育てが楽しくなり、日本の少子化対策にもきっと貢献するでしょう。何より人の生きる力が強くなることは、国力を上げることにつながっていくと信じています。

ハグで仲間との絆が深まる

「えりちゃんとの最後のハグ！」

それは私にとって、とっても辛いメールでした。
過去に同じ職場で私の部下として働いていたえりちゃんから、ある日突然、「さとちゃん、あのねぇ　ガンが再発しちゃった～」というメールが届きました。それは、若いころ患っていたガンが再発したことを知らせる短い文章で、明るい絵文字が挿入されていました。きっと私を心配させまいと、そんなメールにしたのでしょう。

すぐに「どんな状態なの？」とメールをして、できるだけ早く病院に行くことを伝えると、「え？　来てくれるの？　お仕事忙しいのにうれしいなぁ！」と、いつもと変わらない明るい返信が届きました。

がんばり屋さんで弱みを見せられない彼女の性格がよく出ていると思いました。一緒に居酒屋に行くようなノリで、私が病院に行くのをとても楽しみにしてくれているのが伝わってきました。

久しぶりに会った彼女はすっかり痩せてしまったものの、瞳は優しいままでした。それでもひとりでいるのは退屈だ、梅干しを食べたいと言っていたので、雑誌と梅干しを買って行きました。

相変わらず話をするのが大好きで、病気の経過や治療方針のこと、入院生活や看護師さんのこと、病院の設備のことなども話してくれました。女同士の秘密の話やご両親の話で盛り上がりましたが、話しているうちに、ますますえりちゃんのことが愛おしくてたまらなくなりました。気づいたら、私はベッドに座っている彼女のことを思いっきり抱きしめていました。

「うん、うん」とうなずきながら私に寄り添う彼女の背中は、とても細くなっていました。こんなときも愛想笑いをしているんだろうなと思いましたが、そんな彼女の顔が私の耳の横で何度もうなずくように揺れているのがわかりました。

体が離れたとき、彼女の鼻の頭が少し赤くなっていて、少し大人びた子どものように見えました。駐車場に戻ると、すっかり夕暮れになっていて山の向こうに真っ赤な太陽が見えていました。それが、不思議なほどえりちゃんの鼻の赤さと重なったことを覚えています。

間もなく、私のスマホにピピッとメールが入りました。

「さとちゃん、私に会いに来てくれてありがとう。梅干し最高！」と、白いご飯に梅干しがのった画像が添付されています。文末には

「きったない私のこと、ハグしてくれて本当にありがとう」

と書かれていました。

「えりちゃん、汚くなんてないよ、本当にかわいいよ、強がらなくていいよ、自分のこと、そんなふうに言わないでね、みんな、えりちゃんのこと大好きなんだよ……」

そう心の中でくり返しながら、私は溢れてくる涙を抑えることができませんでした。

その後、えりちゃんは退院して仕事に復帰しました。「毎日仕事ができるこ

とってほんとうに幸せだね」と喜んでいたのに、数カ月後にはとうとう帰らぬ人となりました。夕暮れ時、赤い太陽を見ていると、病室のベッドの上でハグしながら感じたえりちゃんの背中の温もりが思い出されます。

♡ハグメッセージ ～喜びは倍増、悲しみは軽減～

お葬式でお会いしたお母さんがこんな言葉をかけてくださいました。
「さと子さん、娘がよく話していました。病院でさと子さんがハグしてくれたことを思い出しては、『お母さん、さと子さんがこんな私のこと、ハグしてくれたんだよ』って何度も何度もうれしそうに話していました。ほんとうにお世話になりました」

病気の再発を恐れて結婚もせず、40代でひとり旅立って行った彼女は、いったいどんな思いでベッドにいたのでしょうか。人と最期のお別れをするとき、まったく後悔のない別れはできないといいます。私も同じです。

それでも、病院でひとり病気と孤独に向き合う彼女とハグを交わすことで、彼女の心に何かを届けることができたかもしれません。お母さんとお話をすることで、そう思い直すことができ、もっともっとハグの輪を広めていこうと心に誓いました。

ハグをすると、二人の喜びや感動は倍増します。反対に、痛みや悲しみは軽減します。大切な人をここぞというときにしっかりと抱きしめられる、そんな自分でいたいと思っています。

「病床の父と交わしたハグ」

日本ハグ協会では8月9日を「ハグの日」として、毎年ハグを楽しむイベントを開催しています。ある年のイベントで私の講演を聞いてくれた陽子さんから、こんな連絡が届きました。

「父が他界したの。数カ月前から容態が悪くなり、入院してからは話すことも、食べることもできない状態だったの。

さとちゃんがね、『大切な人にこそハグをしてほしい、生きているからこそハグできるんだよ』って、そう教えてくれたから、病床の父に声をかけてはハグを続けていたの。

話すことも食べることもできない状態だった父に、その日ハグをすると、父が涙を流したの。きっと私の思い、父には伝わったんだと思う。さとちゃんの話を聞かなかったら、きっとハグすることもないまま亡くなってしまったと思う。

ほんとうにありがとうね。どうしてもそのことを伝えたくて連絡しました」

陽子さんのメールを読みながら、涙が流れて止まりませんでした。

♡ハグメッセージ ～ハグできるときにハグしよう～

いちばん近くにいる家族をハグすることは、意外に勇気がいることです。でもよく考えたら、相手が生きてそこにいてくれるからこそ、抱きしめることができる、ハグすることができるのです。

陽子さんのように、自分の親に「産んでくれて、育ててくれて、ほんとうにありがとう」と感謝を伝えることもできるのです。

身近にいる人がいつまでもいてくれるとはかぎりません。いつでもハグをして絆を感じ合うことができるとはかぎりません。陽子さんのメールを通して、そのことにあらためて気づかされました。

「とにかく、ハグしてみよう!」

「日本ハグ協会？　ハグって、このハグですか？　なんかおもしろい‼」

私が初対面の方と名刺交換をすると、いつも相手はこんな第一声を発します。

私が広めたいと思っているハグは、誰とでも挨拶代わりにハグをしようというのではなく、いつも身近にいる人、大切な人とハグをすることです。それによってほんとうに気持ちがつながり良い関係を築くことができます。このようにお話しすると、いいことはよくわかるけど、身近な人ほど実際にやろうとするとハードルが高くて難しそうだ、と感じる方が多いようです。

あるバラエティ番組に出演したときのことです。いろんな話題を取り上げて、良いか悪いかをジャッジするという番組でした。

視聴者の笑いを取るためでもあったのでしょう、私がハグを推奨する会の代表であるため「ハグ？　それはないやろ？」といじられました。そのまま、やっぱりハグはイマイチだという話になったところで、「もうつべこべ言わずに、ほんとうにいいのかどうか、ハグしてみようぜ」と、劇団ひとりさんと土田晃之さんが向き合って濃密なハグをしました。

それも笑いを取るネタの一つかなと思って見ていると、お二人はやけに長い時間ハグしたままで、スタジオはシーンとなりました。それから突然、お二人が「いい！　なんかすごくいい！」「うん、いい！」と言いはじめたのです。最後は「ハグはいい！　素晴らしい」と締めくくってくれました。

半分は冗談めかしてですが、半分は大まじめな顔で「ハグっていい！」と話している姿には、なんとも微笑ましくて温かな雰囲気が漂っていました。私も心の中で、ハグの良さを知ってくれる人が増えるといいなと願っていました。

♡ハグメッセージ

～ハグは平和のシンボル～

ハグのルーツは男同士だという説があります。太古の昔、「私は武器を持っていません。戦いではなく、あなたと語り合うことで平和に解決したい」という互いの意志を証明するため、左右の胸を合わせて、胸に武器が無いことを確認し合うことが行なわれていた。これがハグのルーツだというのです。

私はこの話を聞いたとき、まさにハグは平和のシンボルそのものだ‼と心からうれしくなりました。

私たちは、言葉で「お前なんか大嫌いだ」と人を傷つけることができるし、「愛してるよ」「ありがとう」と愛を伝えることもできます。私たちの二本の腕も同じです。人を殴って傷つけることができますが、人を優しく抱きしめることもできます。言葉や体をどのように使うかで、自分自身の未来はもちろん、大切な人の未来も変わります。

言葉も体も神様からもらったものだと考えて、自分もみんなも幸せになることに使いたいですね。

「ハグって年を重ねるほど大切だわ！」

２０１１年の東日本大震災と同じ年の9月、三重県の東紀州地方は台風12号の影響で大変な水害に見舞われました。私は２０１２年から三重県の紀宝町、御浜町と、いずれも台風12号で被災した地区に訪問しています。

この地域は美しい海と山に囲まれ、世界遺産もあり、自然のパワーがあふれています。しかし一方で、高齢化と過疎化が進んでいます。そこに台風災害が重なり、当時はますます難しい課題を抱えていました。私たちは、まず地域のコミュニティを強くすることが重要であると感じました。

そこで、日常の対話力をあげて地域の絆を強くする活動や、お年寄りが手軽にできる体のセルフメンテナンス法を普及する活動を行ないました。私はもちろん、ハグの普及にも努めています。

「大切な人とハグをするだけで幸せは循環します。ハグをすると、ストレスが軽減して不安を解消できます。安心感が高まり、リラックスできますし、安眠できるようになります。

やる気が出てきて免疫力が高まります。身近な人にも優しく接することができるようになり、円満になります。

最近インターネットなどで、ハグをすると風邪を引かないことが話題になっています。とくに信頼できる人同士のハグほど、幸せホルモンといわれるオキシトシンを多く分泌するからだともいわれています。

ぜひとも、お隣りに座った運命の人ともハグしましょう。お家に帰ったら、大切な奥様に、ご主人に、お子さんにハグしてくださいね！」

こんなお話をしてハグをすすめていますが、それでも日本人にはハグに抵抗を感じる人が多いのも確かです。ハグの素晴らしさはわかったが実際にやるのはちょっとという場合や、自分はいいと思うが相手が応じてくれないかもしれないという場合、はじめから無理にハグをしようとすると、かえってお互いに気まずくなってしまうこともあります。

そんなときは、私が考案した「日本流ハグの作法」を紹介しています。笑顔で両手を広げてハグをしようという意思だけ示して、あとは相手に任せるというスタイルです。くわしくはこのあとの【ハグメッセージ】のなかで説明します（59ページのイラスト参照）。

私の話が終わったところで「せんせ～！」と駆け寄って来てくださったのが逢野実恵子さん（当時60歳）です。もともとエアロビクスのインストラクターをされていた方です。

今は地元のお年寄り向けに「貯筋運動」という高齢者でも気軽にできる体操の指導をされています。毎回集まったおじいちゃん、おばあちゃんたちと思いっきりの笑顔でハグをし合うそうです。

「ハグをすると、おじいちゃんもおばあちゃんもほんとうに喜んでくれるのよ。はじめは、ほんとうにハグしちゃっていいのか少し不安だったの。今日のお話を聞いてますますハグをしようと思ったわ！」

と、うれしそうに話してくださいました。

それから半年して訪問したときも、逢野さんは忙しいなか駆けつけてくださり、こんなふうに話してくださったのがとても印象的でした。

「あれからね、自信をもってハグを伝えているわ。

お年寄り全員で、とにかく集まったら、まずハグタイムにしてるの。みんなね、ほんとうに喜んでね、どんなにおとなしい人もね、ハグすると喜ぶの。お休みされた方に『前回お休みだったけど今日は来てくれてうれしいわ』と声をかけると、『覚えてくれていてうれしいわ！』とほんとうに元気になるのよ。自分から手を広げて心を開けば、相手も心を開いてくれるようになるの。いや～、ハグってほんとうにいいわね！　とくに年を重ねるほど大切だわ！」

元気にこんな話をしてくれた逢野さんは、今でも毎週１００人のお年寄りに笑顔を届けています。

♡ハグメッセージ　～日本流ハグの作法～

私は7年間、ハグについて伝え続けています。

実践してくださった人たちから、ハグの素晴らしさを実感したという声をお聞きするたびに、誰より私自身が人と人の絆を結ぶハグの重要性を教えられます。

ここで私がすすめている「日本流ハグの作法」についてイラストを使って

ご紹介します。皆さんも、ぜひ実践してみてください。

「日本流ハグの作法」には四つのステップがあります。その第一ステップでは、足を肩幅に開いてハグしたい相手を大切に思いながら、相手に向かって笑顔をプレゼントします。急に笑顔を見せることに抵抗があるなら、最初は軽く微笑むだけでもいいでしょう。

　第二ステップは、笑顔のまま両手を大きく開きます。相手が応じてくれたら、そのまま相手をむぎゅっとハグします。もし相手が躊躇したり無視したりしていると感じたら、第三のステップに切り替えて、相手の前に自分の片手を差し出して握手を求めます。それも難しいようなら、第四のステップに切り替えて、軽くお辞儀だけします。

　この四つのステップで大切なのは、選択する権利を相手に与え、相手の負担にならないようにすることです。同時に、相手が自然にハグに応じる準備ができるまで、私は静かに待っていますという気持ちを表情とジェスチャーで伝えることです。

　最初は第四ステップで終わっていても、くり返していると、第四のステップから第三、第二、第一のステップへと進んでいきます。それまで、けっして焦らないでください。あなたの働きかけを受けるかどうかは、あくまで相手が決めることだからです。

ステップアップするにつれて、良い関係を築きたいというあなたの気持ちが伝わり、ハグを通して絆を深め合うことができるようになると思います。

ある経営者の方の勉強会でお会いした方に「日本流ハグの作法」を紹介しました。とても真剣に聞いてくださり、帰宅してさっそく日本流ハグを試されたそうです。奥様に両手を広げると、そのときは驚かれて「バカじゃない」と応じてくれませんでした。握手も難しかったようです。それでお辞儀だけして初回は終わりました。

それから同じことを毎日続けたそうです。すると10日目のこと、その日も笑顔で両手を広げると奥様がハグに応じてくれたというのです。ほんとうに久しぶりに夫婦の深い絆を感じて、とても感動したと、うれしいメッセージをいただきました。

日本流ハグの作法

1.
足を肩幅に開いて立つ。相手を大切に思いながら笑顔をプレゼント。

2.
笑顔のまま両手を大きく開く。相手が応じてきたらそのままハグ。

もしハグできなかったら……

3.
片手を差し出して握手。

それでもダメなら……

4.
軽くお辞儀。

「白クマの着ぐるみで子どもたちを思いっきりハグ」

ある勉強会で出会った薄羽美江さんは、大手企業の人材教育を担当している方で、末っ子の私にとっては姉のように甘えたくなる存在です。いつも凛とした存在感と思いやりに溢れていて、とてもかっこいいビジネスウーマンです。

その薄羽さんのビジネスパートナーでありソウルメイトのリサ・ヴォートさんは、作家であり女流写真家でもあります。4年間で4回、単身で北極に通ううちに白クマに恋してしまったそうです。白クマに1メートルの至近距離まで近づき、たくさんの奇跡の写真を撮影しています。

写っている白クマの表情は、なんとも愛くるしくてかわいい。私は、とくに白クマ同士がハグしてじゃれ合っている写真が好きです。

2011年から2012年まで、東北で「北極からの贈りもの～ホワイトギフト」というタイトルで白クマの美しい写真展が催されました。リサさんの写真集を見た方々から、東北の震災で傷ついた子どもたちにも写真を見せたいという希望が寄せられたのがきっかけです。東北の公民館や図書館、街のカフェで巡回写真展が開催されました。薄羽さんも自ら大きな白クマの着ぐるみを着て写真展会場で、子どもたちはもちろん、大人ともハグし続けました。

その後、クリスマスパーティーがあって麻布にあるオフィスに訪問すると、「HELLO!」とリサさんと薄羽さんが満面の笑みでハグをして迎えてくれました。それは、あまりにも自然なつながりを感じるものでした。

白クマくんになって数えきれないほどの大勢の人たちとハグし続けた薄羽さんの言葉に、私ははっとしました。

「白クマくんは、じつは手作

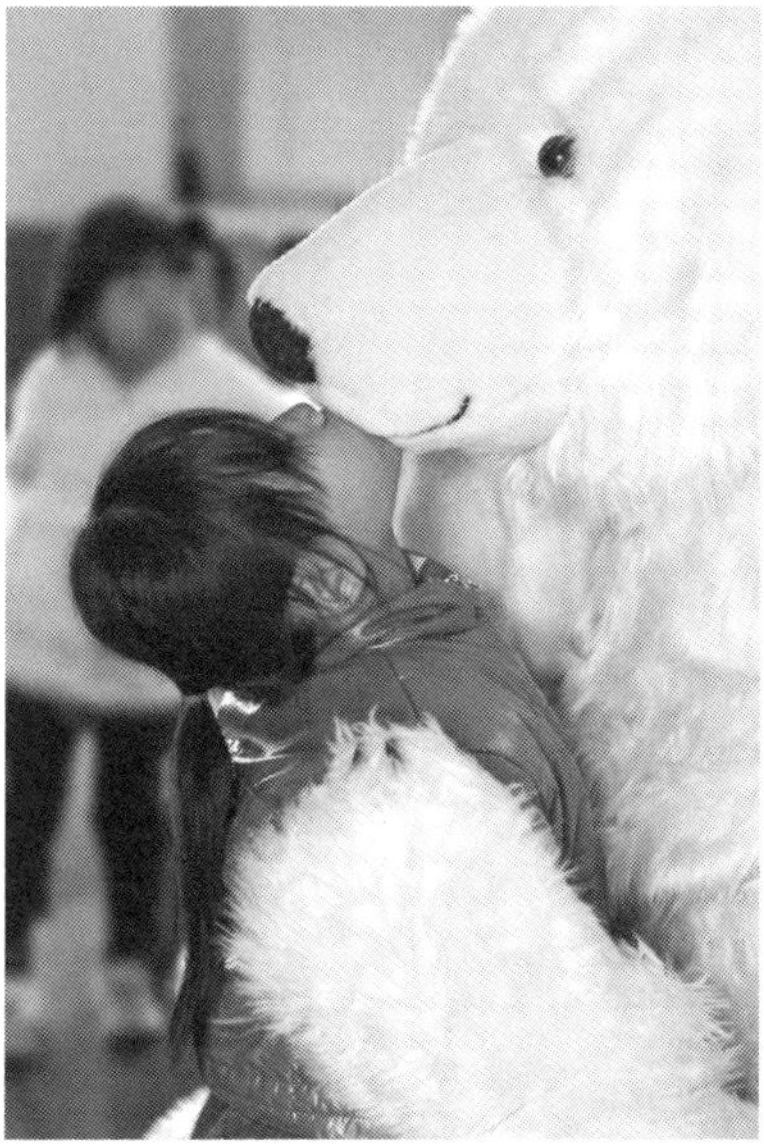

「北極からの贈りもの～White Gift」東北巡回写真展で白クマくんとハグ＝撮影／リサ・ヴォート

りでね、中に入ったときは視界ゼロなの。でもね、目が見えないと耳がよく聞こえるようになる。聴覚も嗅覚も、触覚も全部、日頃の倍以上に感じることができるようになるの。ハグするとね、みんなわけへだてなく、ひとつにつながっている感じ、これこそ『神性』に触れた瞬間だと思うの。とても平等で和やかで、安寧。まさに平和を肌で感じることができるの」と、とても穏やかに話してくれました。

♡ハグメッセージ　～心をつなげ、安らぎをもたらす～

心理学者のハーローさんは、生後間もないサルの赤ちゃんの実験でスキンシップの重要性について解説しています。

実験では、サルの親に見立てた人形が2体用意されました。一つは、柔らかな布でできたサルのお母さんの人形です。もう一つは、針金でできた冷たくて硬い人形ですが、こちらのお母さん人形にはミルクが入った哺乳瓶が付けられています。

生まれて間もない赤ちゃんザルの前に、この2体のお母さん人形を置き、その反応を観察しました。赤ちゃんザルは1日の大半を柔らかく温かいお母さん人形にぴったり寄り添って過ごしました。お腹が空いたときだけ、ぴょんと針金のお母さん人形に飛び乗ってミルクを飲み、飲み終えるとすぐに柔らかいお母さん人形のところに戻ってしまいます。

この赤ちゃんザルの反応は、授乳による充足欲求よりも、柔らかいものに触れるスキンシップへの充足欲求のほうが強いことを示しているといいます。

知らない人にいきなりむぎゅっとハグするのは、子どもでもちょっと抵抗があるかもしれません。ところが、たとえ白クマの着ぐるみであっても子どもたちは柔らかい感触が大好きだし、そのつぶらな瞳にひかれて自分の体を安心して預けてくる。そこで思いっきりハグをすると、子どもたちは何とも言えない心のつながりを全身で感じ、心が安らぐのだと思います。

震災で傷ついた子どもたちの心にも、白クマくんとのハグを通して、きっと安らぎがもたらされたにちがいありません。これは大人たちにも同じだったと思います。

【ほっとブレイク】「気がかリスト」

心のどこかで「やらなきゃ」と思いながら、できないままになっていることとって、けっこうありますよね。やるならやる、やらないならやらないと決めるだけで心が軽くなります。

気がかりになっていることをリストに書き出してみるのもおすすめです。私は「気がかリスト」と呼んでいます。

たとえば、「友人に借りた本を返す」「お礼状を書く」「季節の衣替え」といった具合に書き出したあと、一つひとつやるのか、やらないのか決めて、まずやらないものは消していきます。さらにできたものを一つひとつ消していくと心が軽くなりますよ。

ハグで職場の絆が深まる

「30年同じ会社に一緒にいて初めて触れ合った」

私の研修会では、お隣の席に座っている人を運命の人として、さまざまなワークをしていただきます。そして最後に「日本流ハグの作法」でハグをしていただきます。この場合は、ハグに関する私の話をすでに聞いていただいていますし、ワークで交流もしているので、最初からハグをする方がほとんどです。

ある経営者の研修会に会社の代表である社長さんと専務さんのお二人が参加されたことがあります。お二人は50代後半から60代前半くらいで、ハグの場面になってハグをされました。そのとき、

「いや、オレたち30年も一緒に仕事しているけど、よく考えたらこんなふう

にハグしたこともなければ、お互いに触れ合ったこともないわ」とおっしゃいます。

一緒に仕事をしてきたし、ときには膝を突き合わせて酒を飲み交わしたこともあったといいます。それでうまくやってきたので、互いに肌と肌で直接触れ合うような交流の必要性は感じなかったのでしょう。

専務さんとハグをしたあと、社長さんが「ハグか、ええもんやなぁ～」と二人で向き合ったまま笑顔を浮かべていました。そして、「帰ったら女房にもハグしなあかんなぁ」とつぶやきながら、「ありがと、ありがとう。頑張って続けてや」と、私にもねぎらいの言葉をかけてくださいました。

♡ハグメッセージ ～深い絆を感じ合える～

30年間、同じ未来を描きながら歩み続けてきた社長さんと専務さんのお二人には、仕事をするうえでハグは必要なかったかもしれません。だけど、ハグしてみたら「なんかいい」と実感されたようです。

家族と一緒にいる時間よりも、お二人が仕事場で一緒にいた時間のほうがはるかに長いと思います。せっかくいつも近くにいながら、人として深い絆を感じ合うことなく過ぎていくとしたら、とても寂しい気がします。心の豊かさも違ってくると思います。

それだけでなく、お二人がこれからの時間、どんな会社を築いていくかにも影響していくのではないかとさえ思いました。

「子どもをハグする前に職員同士でハグをしよう」

愛媛の「マミーズファミリー」さんは保育所経営が主な事業で、愛媛だけでなく東京をはじめとする関東圏でも事業展開をしています。増田かおり社長は社員教育に熱心で、職場にハグを取り入れる試みにも挑戦しています。

職員が預かる子どもたちをハグするには、まず自分たちがハグの素晴らしさを実感することが必要だと考え、朝礼で職員同士がハグをしています。私は、職員さんに直接「実際にハグしてみてどうですか?」と感想を聞いてみたことがあります。

「なんとも楽しい雰囲気になり、みんなが一瞬で笑顔になります。すごくいいですね。職員同士の距離感も近くなってほんとうにいいですよ」と話してくださいました。

誰よりも増田社長自ら、楽しそうに両手を広げ、満面の笑みで職員とハグしていることもあるのでしょう、「ビッグママ」がニックネームになっています。そんなリーダーの姿が職場を明るくしているのだと思います。

保育者やお母さんたちがもっと元気になって、日本の未来を背負う子どもたちを育てようというメッセージを発信するため、「マミーズファミリー」さんはハグの日（8月9日）に1000人が集まってハグをするというイベントを企画中です。

そこで、「子どもたちをしっかりと見守り、抱きしめるのが私たち保育士のいちばんの役割。まず自分たちが抱きしめ合わなければ、子どもたちを抱きしめて安心させることはできない。保育の現場で働く私たちが、ママたちと一緒にハグし合おうよ！」というシンプルだけど、子育てにいちばん大切なメッセージを伝えようとしています。

♡ハグメッセージ ～子育てのために大人がすべきこと～

今、日本は少子化問題、待機児童問題など、子どもを育てることに関してあまりに多くの問題を抱えています。これからは人工知能が人に代わって仕事をすることも増えてくるでしょう。

そこで、私たちにこれから求められるのが、自分自身と良い関係を築ける子ども、家族や身近な人たちと良い関係を築ける子ども、社会と良い関係を築ける子どもを育てていくことです。

私たち大人には、そのためにすべきことがあります。大人が楽しくイキイキと生活する姿を見せること、自ら学び新しいことにチャレンジする勇気を見せること、それを支え合う姿を見せることです。大人同士がハグをして絆を深める姿を見せることも、その一つだと思います。

「社長賞の目録に〝社長とハグ券〟」

ある大手自動車販売会社さんのお話です。私は、毎年40代の社員の方へ向けた企業内セミナーで登壇させていただいております。40代といえば部下を持つ人もけっこういて、仕事では働き盛り、家庭では思春期に差しかかった子どもの子育て真っ只中という人が多い年代です。

私自身が40代を過ごしてきて痛感しているのは、40代に仕事とどう向き合ったか、人とどう関わったかがその後の人生に大きく影響するということです。

そこでセミナーでは、参加者に40代をどんなふうに過ごしていきたいかイメージしてもらいます。そして職場の同僚たちとの関係性を高める秘訣や、主体者意識をもって仕事に取り組む秘訣、いつも自分が輝いている秘訣などについてお伝えしています。

全部で4時間のセミナーですが、最後はやはり「日本流ハグの作法」で締めくくります。

このセミナーを企画している人事部のアイデアで、各事業所の現場研修をしたときに研修の優秀者にとてもユニークな目録が手渡されます。目録を開けると……なんと「社長とハグ券」が入っているのです。

まず人事部の次長さんが「日本流ハグの作法」について指南します。社長さんは足を肩幅に開き、にっこり笑いながら両手を大きく広げます。相手のことをあらためて大切に思いながら、相手が飛び込んでくれるまで待ちます。

実際にこの「社長とハグ券」をもらった方にインタビューすると、

「はじめは、ほんとうに!? とビックリでした。一瞬、顔がこわばり緊張してしまいましたが、思いきってハグしていただきました。

普段は直接お話しする機会のない雲の上の方でしたが、ハグした瞬間、一気に距離が近くなったようで、ほんとうにうれしかったです」

この感想を聞いて、ハグには職場の絆を深める力があることをあらためて実感しました。ハグがもっと日本の職場に定着するようがんばります!

♡ハグメッセージ ～絆が強まり、士気が上がる～

普段接する機会が少ないトップの方が、社員さんと向き合い、笑顔で両手を大きく広げてハグする姿は、何よりリーダーの包容力を感じさせます。社内の絆が強まり、会社の推進力になるに違いありません。

この会社の人事のご担当の方々は日頃から、どうすればみんなの士気が高まるのか、そのためにどんな仕掛けをしたらいいか、常に考えて工夫されています。その一つとして、ハグの可能性を評価され、取り入れてくださいました。

「おばあちゃんのハグ率は100%」

岐阜県羽島市では、認知症と介護に対する地域住民の理解を深めるための、さらに介護業界の雇用促進と介護スタッフのモチベーションを高めるための勉強会が開催されています。すでに4年連続で行なわれていますが、羽島文化センターの400人収容のホールは毎回立ち見が出るほどです。最後は「かいご感動事例発表会&爆笑寸劇」の催しで締めくくりになります。

この勉強会に参加すると、介護現場で起こるさまざまな話を聞くことができます。入浴介助のとき、食事のとき、車椅子の乗り降りのとき、ベッドからの移動のときなど、どれも介護職員がお年寄りと触れることなしに行なうことはできません。まさしく、おじいちゃん、おばあちゃんとのハグの連続です。

この勉強会でリーダー役を務めるグループホーム「わおん」を運営する加藤隆康社長は、ホームの中にハグを積極的に取り入れています。

「おじいちゃんやおばあちゃんたちに両手を広げてハグのポーズをすると、喜んで応じてくれます。とくにおばあちゃんのハグ率は100%ですよ」

いつも楽しい雰囲気があふれる「わおん」だからこそ自然にハグができているのだと思います。お年寄りにとっては、介護のために体に触れられることはいくらでもあります。しかし、ハグを通して触れ合うと、同じ人間として心のつながりを感じることができるのだと思います。ほんとうにうれしそうにされるそうです。

とくに高齢の方ほどハグの習慣はなかったでしょうから、職員がハグをしようとすると、最初は恥ずかしがったようです。それでも職員が笑顔でハグを働きかけていると、しだいに素直に応じてくれるようになり、自然と笑みが浮かんでくるようになったといいます。

私もそんな光景を思い浮かべながら、ひとり微笑んでしまいました。

♡ハグメッセージ
～ハグを通して多くの方と心の交流～

グループホーム「わおん」では、朝、利用者さんと一緒にハイタッチをしたり、1分間スピーチをしたり、ときには夢を発表したりしています。人はいくつになっても笑顔でいたいし、未来に希望をもっていたいものです。それによって今を元気に生きられるからです。

加藤社長のお話のなかにこんな言葉がありました。

「『これからはあんたたちの時代だ。遠慮せんとやんなさい』そう筆で書いてくださった利用者さんがいらっしゃいました。どんな人生だっていつかは終わる、働くこともできなくなる、『だから今を、遠慮せず懸命に頑張りなさい』と人生の先輩たちに毎日教えてもらっている気がします。

今こうして仕事ができること、たくさんの方に支えていただいていること、何より健康でいられることに感謝して、努めていきたいと思っています」

職員さんからポニーを飼いたいという要望があったときも、それで毎日の仕事の励みになるならと飼うことにしたといいます。菜園づくりを通して職員さんが地域の人たちと交流する場もつくっています。

職員さんが笑顔で明るく過ごし、ハグを通して利用者さんと心の交流をする。だから、「わおん」は利用者さんにとっても、職員さんにとっても尊い場になっているのだと思いました。

【ほっとブレイク】毎日10分間お片付け

そのうちまとめて片付けようと思っていても、ついつい後回しになるものです。やっと片付けすることになると、軽く30分や1時間かかってしまいます。

こんなに時間がかかることを思うと、片付けはどんどん後回しになっていきやすい。

そこで、毎日「10分間お片付け」がおすすめです。たった10分で気持ち良さをつくり出せますよ。

幼児期のハグ体験が生きる土台をつくる

馬や鹿は生まれてすぐに歩きはじめます。生まれたての仔馬が何度となく転びながらも立ち上がり、足をガクガク震わせながら一歩一歩と歩く姿はと

ても感動的で、泣けてしまいます。

それと比較すると私たち人間は、10カ月も母親の胎内にいて生まれてくるのに、寝返りひとつできません。生まれてから1年かけて、ようやく歩きはじめます。親は、そんな赤ちゃんにハグをしたり、声をかけたり、乳を飲ませたり、オムツを替えたりしながら完全に保護して育てます。

こうして体のほうはゆっくり成長していくように見えますが、赤ちゃんの脳は急激に成長します。3歳までに大人の脳の80％近くまで発達するといわれています。この期間は、とくに赤ちゃんと母親がしっかり信頼関係を築くことが重要です。それが、人として成長していくための土台になるからです。

このときとくに大切なのが、親子のスキンシップです。母親の腕の中は赤ちゃんにとって最高に安心できる場所です。母親と直接触れ合うことで、無条件に愛されている、不安なときはいつも守ってくれるという安心感が赤ちゃんの中にインストールされていきます。

3歳までに育まれる母親への愛着は、子どもが成長していくエネルギー源になるといわれます。母親の存在が子どもにとって安心できる基地になると、そこから少しずつ外に向かって挑戦していくようになります。成長するにつれて家族や友達、さらに社会で関わる人たちと良い人間関係を形成できるようになっていきます。

このような子どもの成長過程を見ると、ハグやスキンシップがいかに大切な役割を果たしているかがわかります。

うれしかったり感動したりしたとき、それを身近な人と共有したい、共感したいと思うと、手を取り合う、肩を叩く、ハグをすることは、本来とても自然な行為なのです。

長男は幼いころ小児喘息がひどく入院したこともあります。先日、そのころどんな気持ちだったか覚えているか聞いてみたところ、「病気のとき、近くにいてくれるだけで精神的な辛さは減る。精神的な辛さが減ると体も少し楽になる。発作のときにいつもお母さんが抱っこしてくれたことが心の支えだった」と話してくれました。ハグすることで痛みや苦しみは軽減されていたのです。

このようにハグやスキンシップは、人間関係においてとても大きな役割を担っていることがわかります。それによって良い人間関係を築くことができると、人生を力強く生きることができます。

ハグの原点

私が、ハグについて教えられた素敵な言葉があります。それは、皇太子さまが朗読されたことで有名になった言葉です。アメリカで40年以上、家族について講演活動をしたドロシー・ロー・ノルト博士の本の中にあります。少し長くなりますが、引用します。

『子は親の鏡』

けなされて育つと、子どもは、人をけなすようになる

とげとげした家庭で育つと、子どもは、乱暴になる

不安な気持ちで育てると、子どもも不安になる
「かわいそうな子だ」と言って育てると、子どもは、みじめな気持ちになる
子どもを馬鹿にすると、引っ込みじあんな子になる
親が他人を羨んでばかりいると、子どもも人を羨むようになる
叱りつけてばかりいると、子どもは「自分は悪い子なんだ」と思ってしまう
励ましてあげれば、子どもは、自信をもつようになる
広い心で接すれば、キレる子にはならない
誉めてあげれば、子どもは、明るい子に育つ
愛してあげれば、子どもは、人を愛することを学ぶ
認めてあげれば、子どもは、自分が好きになる
見つめてあげれば、子どもは、頑張り屋になる
分かち合うことを教えれば、子どもは、思いやりを学ぶ
親が正直であれば、子どもは、正直であることの大切さを知る
子どもに公平であれば、子どもは、正義感のある子に育つ
やさしく、思いやりをもって育てれば、子どもは、やさしい子に育つ

守ってあげれば、子どもは、強い子に育つ
和気あいあいとした家庭で育てば、
子どもは、この世の中はいいところだと思えるようになる
（ＰＨＰ文庫『子どもが育つ魔法の言葉』より）

私は、この言葉に出会ったとき、ものすごい衝撃を受けました。幼い二人の息子の子育て真っ最中だったからです。自分の働きかけ方が子どもたちの未来をつくるのだと思いました。

その後、ハグを広める活動をはじめてから、あらためてこの言葉を読み返してみました。そのとき、私が広めたいハグの原点もここにあると思いました。「子は親の鏡」は、そのまま「社員は社長の鏡」と置き換えることができます。

親がハグやスキンシップを大切にして子どもの成長を支えるように、職場でも抱きしめるような思いで人に関わり、みんなが成長できるようにしましょうと、社員教育研修でもお話ししています。

ハグは身近な人間関係にこそ有効

日本では毎年、約2.5万人もの人が自殺しているといわれます。なかでも子どもの自殺のニュースに触れると、心が張り裂けるほど悲しくなります。どんな子どもも生まれたとき、「あなたは存在するだけでいいんだよ」と親に抱きしめられたにちがいありません。

平成25年度の内閣府・警察庁の「自殺統計」によれば、小・中・高校生の自殺原因として挙げられているのは、家庭のこと、学校のこと、健康のこと、恋愛のことなどです。将来に対する不安だけでなく、家族との不和や友達との不和など身近な人間関係が大きく影響しているのです。

どんなに辛い事情を抱えていても、自分と向き合ってくれて、あなたがいるだけで幸せだよと抱きしめてくれる人がいれば、人は前に向かって生きていくことができます。とりわけ子どもは、ありのままの自分を肯定的に認め

られていると感じることができれば、生きる力が育ちます。

「私は大切な存在」だと素直に思えること、自己肯定感を高めることがとても大切なのです。それは、子どもだけでなく、大人にとっても大切なことです。

身近な人とお互いの存在を認め合える人間関係が、生きていくうえでとても大切です。そのためにはコミュニケーションが大切ですし、ハグやスキンシップは大きな助けになってくれます。職場でのコミュニケーション力が向上すると、生産性が3割アップするというデータもあります。

体さえあれば、いつでもハグできる

私の講演会では最後に必ず「日本流ハグの作法」で隣の方とハグする提案をしています。「ハグは体さえあれば、いつでもできます。ハグの形だけにと

らわれず、相手の気持ちに寄り添うようにしてハグをしてください」とお話ししてから、「日本流ハグの作法」にしたがってハグをはじめます。すでにすっかり打ち解けていることもあって、少し照れながらもみなさん満面の笑顔でハグをされます。

感動された方の中には、家に帰ってから家族とのハグに挑戦される方もいらっしゃいます。講演会の数日後、必ず何人かの方からご連絡をいただきます。

「夫にハグしてみました」

「妻にハグをしようとしたら冷たくあしらわれました」

「息子にハグできて、うれしかった」……

突然ハグを求めて奥さまに叱られたという方には、「あきらめないで毎日笑顔を忘れず両手を広げてみてください」と伝えています。途中でチャレンジを止める人もいますが、再チャレンジを続けて2週間後にハグできたという方、なかには半年後にハグできたという方もいます。

そんなときは、「妻がハグしてくれました」、「久しぶりにハグをしたら、妻を愛している自分に気づきました」と、感動いっぱいに報告してくださいます。

お子さんとのハグに挑戦された方からは、子どもとハグしていると「不登校が改善されました」とか「子どもが自発的に行動しはじめました」といううれしい報告も届きます。

こんな素敵なハグ体験に接していると、私もあらためてハグの素晴らしさを実感できます。

身近な人とのハグは日本文化に根ざしている！

私が日本ハグ協会を立ち上げた当時、アメリカ人の女性経営者の方に「あなた、オモシロイ！」と会社にお招きいただき、お話を聞く機会がありました。

私が推奨しているのはフリーハグではなく、いちばん近くにいる大切な人とハグすることだとお話ししました。すると、日本での生活が長い彼女は、アメリカではハグが普通の挨拶になってしまい、近親者とのハグも形だけになっていることも多いと話してくださいました。

彼女の話では、日本の住宅事情こそハグに適しているといいます。たとえば、アメリカの風呂はバスタブですが、子どもがつかまり立ちできるようになると、母親は一緒に裸になって入らず、短パンのまましゃがんで子どもを洗うケースが多いそうです。

日本のお風呂には洗い場があり、親子とも全裸で一緒に入り、抱っこして湯船につかります。親が自然に子どもをハグできるようになっているというのです。

アメリカでは、子どもは早い時期から個室で寝るのが一般的です。それに対して、もともと畳文化の日本では、幼児期くらいまではたいてい親子が添い寝をします。なかには、高学年になっても親子で並んで寝ていることがあります。

添い寝をするため、夫婦だけの空間が少なくなってしまうという面もありますが、日本の家屋は伝統的に、お風呂や部屋の構造など家族が肌で触れ合う環境になっています。それが、自然なハグやスキンシップに適しているのだと思います。

その意味では、ハグは、とくに身近な人とのハグは日本文化の中に深く根ざした習慣であるともいえます。

ハグ＋コミュニケーション＝ハグニケーション

私は、とくに身近な人とハグをしましょうと伝えていますが、ハグをするときは両腕で抱き合うという行為だけでなく、「どんな思い」でハグするかがとても大切であると考えています。なぜならハグによるコミュニケーションは、他の方法によるコミュニケーションより互いの思いがストレートに伝わ

るからです。相手を心から大切に思ってハグをすると、その思いはしっかり伝わります。

私は、そんなハグの特性を生かしたコミュニケーションを「ハグニケーション」と呼んでいます。言葉自体はハグとコミュニケーションを合わせた造語ですが、ハグの特性を生かしてコミュニケーションの効果が最大限発揮されるように体系化した新しいコミュニケーションのスタイルです。

ハグニケーションでは、シチュエーション別、効果別に48種類のハグの形（「ハグ48手」）があります。シチュエーションや効果を考えて利用できるようになっています。のちほどイラストを使って紹介します。

その前に、ハグをするときに組み合わせてほしい表情やしぐさ、言葉かけについてお話しします。

コミュニケーションでいちばん大切なのは、心をコップにたとえるなら、そのコップが安心や喜びという栄養で満たされることです。どんなにたくさん言葉を交わしても、どんなに長く同じ場所にいても心のコップが満たされなければ、いいコミュニケーションをしているとはいえません。

ハグは「ありのままのあなたでいいよ」という思いを伝える最上級のスキンシップです。だから、シンプルにハグをするだけで心のコップは満たされます。そのハグに、相手の存在を肯定するような表情やしぐさ、言葉かけなどを組み合わせると、もっと心のコップに栄養が満たされるコミュニケーションになります。

表情やしぐさならば、こんなふうに工夫してみてください。

・微笑みかけながらハグをする
・ハイタッチをしてからハグをする
・握手をして、それからハグをする
・自分の胸をたたいて「どんと来い」のポーズをしてハグをする
・腕を軽くさすってからハグをする

いろんな言葉をかけながらハグをするのも素敵です。

♡職場の同僚♡

「いつもありがとう」

「あなたの笑顔で元気になれた」

「さすがです」

「○○さんが担当でよかったです」

「あなたと同じチームでよかった」

「あなたに依頼して正解だった」

「お前に任せる」

「よくやり切ったね」

……………………

♡上司と部下♡

「一緒に夢を叶えよう」

「あなたに任せてよかった」

「全部責任を取るから一人でやってみなよ」

「あなたは会社になくてはならない大切な存在だ」

「やっぱりお前じゃなきゃだめだ」

……………………………

♡夫婦♡

「貴女がいないと人生は成り立たない」
「あなたは素敵な人なんだから。もっと自分を大事にしてね」
「お前がどんな姿になってもそばにいてやる」
「お前と夫婦になれたことが人生最高の勲章だ」

……………………………

こんな言葉をかけながらハグをしたら、どんなに素敵でしょう。ちょっとキザかなと思っても、心のコップは洪水状態になりますよ。

私は、子どもたちから発せられる言葉の豊かさに驚かされることがよくあります。子どもがこんな素敵な言葉をかけながらハグをしてくれたら、母親冥利に尽きます。

「いつもおいしいご飯ありがとう」
「育ててくれてありがとう」

「お母さんの子どもでよかった」
「お母さんのこと宇宙くらい好き」
「お母さんがお母さんでよかった」
「お母さんが頑張ってるの、知ってるよ」

日本ハグ協会では、今までに言われてうれしかった言葉を集めて、ハグに添える言葉として紹介しています。

なかには、ハグでさえハードルが高いのに、そこまではできそうにないとおっしゃる方がいます。でも、実際は反対なのです。本気でハグをしてみると、自然に素敵な言葉が出てくるようになります。

「案ずるより産むが易し」です。ぜひ身近な人に素敵な表情やしぐさ、言葉を添えてハグしてみてください。きっと、心のコップに栄養があふれてきますよ。

代表的なハグの形

日本ハグ協会では、いろいろなシチュエーションと思いに合わせて48種類のハグの形を考案し提案しています。手ぬぐいにその48種類のハグを印刷した「ハグニケーション手ぬぐい」も製作しています。

ここでは、そのなかからハグの代表的な形をイラストで紹介します。

あなたに合ったハグを見つけてください。

家族のあったかタイムをつくる「ハグニケーション手ぬぐい」

1.ノーマルハグ

もっとも基本的なハグのポーズです。相手の気持ちを励ましたいときは背中を鼓舞するようにポンポンと叩きます。安心させたいときは相手の体を静かに包み込むようにハグします。

2.ムギュッとハグ

腰を前に傾けて相手の体に密着するようにハグをします。これは、相手との親密度を高めます。顔の密着度も高くなり、愛し合う二人にぴったりのハグです。

3.あたまハグ

ハグをしながら相手の後頭部を手のひらで包み込むようにします。これは「うしろからハグ」に次いで女性に人気の高いハグです。

4.うしろからハグ

大切な人をうしろからすっぽり包み込むようにしてハグします。これは、女性に人気ナンバーワンのハグです。目の届かない背中はなんとなく不安な場所です。そこからハグされると、身も心も温かく見守られていると実感できます。

5.肩組みハグ

どちらかというと、男同士向きのハグです。

うれしいとき、応援したいとき、共感したいときに気軽にできます。

笑顔で元気よく肩を組むのがポイントです。一緒に歌を歌ったり、一緒に体を左右に揺らすと、さらに一体感が高まるでしょう。

6.ほっぺハグ

イタリアやフランスでは挨拶のとき、互いの頬に軽く触れながら右、左、右で3回「チュ！ チュ！ チュ！」をします。親しい間柄や職場の同僚との挨拶時に行なうことが多いようです。

日本でのほっぺハグは親密さの表現。16秒くっつけるとお互いの体温が近くなるといわれています。

7.背中ハグ

背中と背中を合わせるハグです。

それぞれ自分の行くべき道を見ているけれど、「そちらはどう？」「こちらは調子いいわよ！」そんな心の会話ができます。

いつも背中に互いの存在を感じて安心していられます。

8.おでこハグ

おでことおでこを合わせるハグです。

こうしていると、目線は外れているけれど、相手の息づかいや鼓動を感じます。

受け止められている、見守られていると感じて安心できます。

9.おしりハグ

たまには、こんなハグもいいですよ。童心に返って、おしりとおしりを合わせて楽しんでください。

相手のコミカルなポーズに二人で大笑いしてしまうかも！

10.うで組みハグ

人前でも気軽にできるハグです。「私たち、とても仲良し」と感じ合うことができます。日本人でも、それほど抵抗を感じることなくできるでしょう。

男女の場合のアプローチ法は２種類です。男性から女性に腕を差し出すアプローチ法と、女性から男性の腕の隙間に手を挿し入れるアプローチ法です。

11.手つなぎハグ

チャーミーグリーンのＣＭを覚えていますか。仲の良さそうな年配の夫婦が手をつなぎ、踊りながら買い物に出かけるシーンは、見ていて微笑ましい気持ちになったことでしょう。夫婦でずっと仲良しの秘密は、こんなところにあるのかもしれません。

12.ラブ握りハグ

手つなぎハグと違うのは、５本の指を絡ませて手をつなぐところです。もっと近くにいたい、できるだけたくさん触れていたいという気持ちが現われています。

ぎゅっと力を込めたり、リズミカルに指を動かしたりと、相手との非言語コミュニケーションを楽しむのにも効果的です。

ハグの輪を広げる「はぐよちゃん」

日本ハグ協会にはクマのキャラクターのぬいぐるみ「はぐよちゃん」がいます。世界にたったひとつだけのぬいぐるみは、ママたちに赤ちゃんをしっかりと抱きしめてほしいと語る、幸助産院「ママサロンつむぎ」を主宰している川上幸子さんに制作していただきました。２０１０年8月9日（ハグの日）に、この「はぐよちゃん」を人から人へと手渡しするハグリレーをはじめました。「はぐよちゃん」を受け取った人は「大切な人をハグする」というミッションごと受け取ります。

名古屋をスタートしてから北は北海道、南は九州まで次から次へと手渡されていきました。ビジネスマンの海外出張に付いて行ったこともあります。ホストファミリーの方々には可愛がっていただき、家族旅行に同行させてくださったり、新幹線に乗せてくださったりする人もいました。家族とのハグ

写真を送ってくださる方や、着せ替え人形のようにたくさんの可愛いお洋服を着せて写真を撮って送ってくださる方もいらっしゃいました。

「はぐよちゃん」に出会った人たちは、「ハグ大好きです」「ハグは恥ずかしいです」「ハグしてほしかったけどしてもらえなかった」などなど、たくさんのハグのストーリーを届けてくださいました。

こうしてハグリレーミッションが続いている中、東日本大震災が起きたのです。震災のとき、「はぐよちゃん」は、ある養護施設にいました。震災後の混乱のせいで、数カ月ほど連絡が取れませんでしたが、ようやく施設を訪問することができたときに職員さんがこのようなお話をしてくれました。

「地震が起きたとき、とても揺れて子どもたちが不安がって泣いたり、震えたりしていました。ひとりの女の子が床にしゃがみ込んで『はぐよちゃん』をギュッと抱きしめていました。家庭ならお父さん、お母さんが子どもたちを一人ずつ抱きしめることができます。でもここでは、職員がたくさんの子どもたちを一度に抱きしめることができないんです」

子どもたちのことを真剣に思う職員さんの気持ち、震災で家族と永遠の別れを経験した人たちの気持ちを考えると涙が出ました。

「はぐよちゃん」は、言葉を話さないクマのぬいぐるみです。でもたくさんの人に抱っこされて、ネックレスや帽子やはぐよ専用バッグなどたくさんの愛をもらって、4年で名古屋に帰ってきました。

「はぐよちゃん」は、私たちにたくさんの大切なことを教えてくれました。

人の心と心を結んでくれる「はぐよちゃん」

「ハグしよう！」と気軽に言っていた私にとっても、「はぐよちゃん」はハグの本質や人間の課題を教えてくれる大切な師匠となりました。

　今は日本ハグ協会のアジトで、私たちの活動を日々見守ってくれています。

パートⅡ

自分をハグする

自分で自分をハグしてあげる

ハグの最大の特徴は、何かができたからいいとか悪いではなく、相手の存在そのものを無条件に肯定しているという思いが伝わるところにあります。それによって人と人の絆が深まることは、パートⅠでも紹介したとおりです。私も感動的な場面に数多く出会ってきました。

ところが、ハグニケーションについてお話ししていると、「私には友だちも恋人もいません」「自分の心には、そんな余裕がありません」、だから「誰かをハグするなんて自信がありません」と言われることがたびたびあります。

講演会でも「自分のこと、大好きな人～!?」とたずねると、びっくりすることに300人の参加者がいても数人手が挙がれば多いほうです。子どもや他人には「自分を大切にしなさい」とか「もっと自信を持って」と言っていても、自分自身のことを承認するのはハードルが高いのです。

自分のありのままを受け入れるように自分をハグ

たしかに、自分で自分を肯定できないのに、相手をほんとうに肯定することは難しいことです。自分を好きになれないのに、ほんとうに人を好きになることも難しいでしょう。

内閣府の「子ども・若者白書」によれば、日本の若者は世界的に見て、自己肯定感がかなり低いという調査結果が出ています。子どもや若者の自尊感情や自己肯定感を育むことが重要なテーマになっているのです。

私は、そのために大人も子どもも「自分をハグする」ことをすすめています。

今の自分をハグする

「そのままのあなたが好きだよ」
「そのままのあなたを信じているよ」
今の自分をハグしながら、そんな言葉を自分にかけてあげましょう。気持ちが落ち着いたら、ひとまず成功です。

「う～、不安だわ」「きゃー、どうしよう」「あの人、むかつくわ」そんな思いにとらわれている今の自分が嫌だと思ったら、自分をハグして、「私、大好き！」「私、ありがとう！」「私はできる！」と語りかけてください。

20代の頃、私は鏡を見ながら自分に向かって、こんなふうに語りかけていました。「シワが増えたなあ」「この顔キライ……」20代で自分をイジメていたのです。今の私は、一人になると、自分で自分を思いっきりハグしてあげます。「私、大好き」「私のこと信じてる」と自分に語りかけながら。

「私、大好き」が無理なら「私は私をまぁまぁ好き」「私のこと信じてる」が無理なら「私は私をそこそこ信じてる」こんな言葉からスタートしてみましょう！

そうしていると、心がほんとうに穏やかになり落ち着いてきます。

もし自分をハグしながら自分に語りかけるイメージがどうしてもつかみにくいと思ったら、鏡の前で自分をハグしてみてください。鏡に映っている自分にやさしく微笑みかけながら語りかけるのです。こうすることで、自分に語りかけやすくなるでしょう。

両腕で自分の体を抱きかかえてハグする代わりに、両手で自分の頬を包み込み「ほっぺハグ」をしながら、鏡の中の自分に語りかけるのもおすすめです。

丸ごと愛された自分がいることを気づかせてくれる

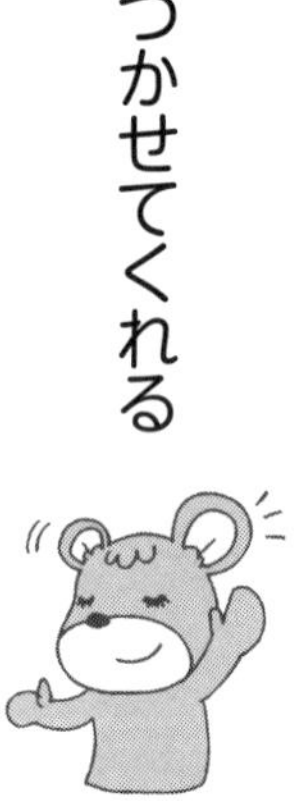

ある経営者のカウンセリングをしていたときのことです。その方は、「社員は言わなきゃやらないし叱れば黙る。いったいどうしたらいいのかわからない。みんな自分のことをよく思っていないはずだ。早く仕事を引退したい。一人で好きなことをして生きていきたい」とおっしゃいます。

一方で社員さんのお話を聞いてみると、「社長が元気で笑顔でいてくれたら、僕たちはそれだけで安心します」「社長がこの会社を創ってくれたから、こんなにたくさんの仲間ができました」「仕事は好きです」と、会社に対しても社長に対してもとても好意的なのです。

そして「たまには朝礼に顔を出してほしい」「たまにでいいから、話を聞いてほしい」という意見も出てきました。

そのことを伝えると、「社員と話をするなんて自分にはできない」、そう話していた社長ですが、一人ひとりと面談することにしました。

社員さんが現場で体験していること、社員さんが考えていることを聞いているうちに、一人ひとりを採用したときの気持ちを思い出し、支えてくれた家族や仲間の存在を思い出し、創業したときの気持ちを思い出し、がむしゃらに頑張ってきた自分のことを素直に「俺、よくやってきたな」と認めることができたというのです。

社員を社員として認めていなかったのは、自分を社長として認めることができなかったからかもしれません。自分は社長の器じゃない、足りない人間だと思っていたようです。そんな会社で働く社員はさびしいものです。

ただリーダーも人間です。仕事をしていく中では、不安やストレスを感じることもあるでしょう。それが言葉や態度に出てしまうこともあるはずです。

ありのままの自分を認めているからこそ、愛しているからこそ、人を認め、愛を注ぐことができます。もし経営者やリーダーとしてメンバーを認めることができなくなったら、愛を注ぐことができなくなったら、ありのままを認められ、愛されている自分がいることを確認してください。もし親として子どもを認め愛を注ぐことができなくなったら、やはり同じようにしてみてください。

　私は、そのために自分をハグしてみてくださいとすすめています。一人になれる時間に、自分をハグしながら「ありのままでいいよ」と語りかけます。続けていると、いろんな気づきが起こってきます。

　誰からも理解されていない、自分は孤独だと思っていた心の中に、あるがままに愛され受け入れてもらっていた自分、丸ごと愛されていた自分がいることに気づくことでしょう。

【ほっとブレイク】イラッとしたら5秒で「あらあら」

イラッとの裏には「これくらいしてくれてもいいのに」「言わなくてもわかるでしょ」という期待が隠されています。

イラッとして「いいかげんにしてよ！　何度言えばわかるのよ！」と怒鳴っても、自分の怒りをぶちまけるだけでは相手がかわいそうだし、自分もかわいそう……。

まずは一人で「あらあら」と声に出して言ってみましょう。少し笑えてきますよね（笑）。

今の自分は過去と未来につながっている

今という瞬間には過去と未来がつながっているといわれます。同じく私たちの心の中に住んでいる今の自分にも、過去の自分と未来の自分がつながっ

ています。もし、今の自分が不安に怯えていたら、何か満たされない空虚感を抱えていたら、過去の自分と未来の自分をしっかり抱きしめてみてください。きっと今の自分は安心し、自信も湧いてきます。何事にも主体的に取り組む勇気も湧いてきます。

あなたの中の自分はどんな過去の自分とつながっていますか。心躍るように楽しんでいた自分、寂しくて寂しくて孤独を感じていた自分、立ち上がれないほど傷ついて苦しんでいた自分……いろんな過去の自分とつながっていると思います。そのなかで、とくに強く心に残っている過去の自分ほど、今の自分に影響を与えています。

それから、今の自分にはどんな未来の自分がつながっていますか。その未来の自分に希望を感じていますか、不安を感じていますか。

ふだん私たちは、何気なく今の自分を意識していることが多いのですが、そこには、こんなふうにいろんな過去の自分と未来の自分がつながっていて、今の自分に影響を与えています。

たとえば、今の自分が「これやってみよう」と思ったのに、過去の自分が顔を出して「あのときもダメだったから、きっと今回もダメなんだ」とやる気を奪うかもしれません。反対に、「あのときの体験があるから、今度は大丈夫だ」と自信を与えてくれるかもしれません。そんなふうに、過去の自分の感情は今の自分の思考や行動に影響を与えます。

あるいは、「未来の自分はきっと輝いている」と思えれば、迷っている今の自分の背中を押してくれるでしょう。「どうせ、未来の自分も今と変わらない」と悲観してしまえば、不安で不安で新しい行動を起こせなくなるでしょう。

「過去の自分はこんなに惨めだった、こんな自分さえいなかったら、もっと自信をもって生きられるのに」と思われますか。「未来の自分に希望がもてない、だからいろんなことに挑戦できない」と思われますか。

どの自分も、あなたの一部なのです。必要なのは、どの自分も今の自分の一部だと、まるごと肯定してしまうことです。

それができると、ダメだダメだと悲観していた過去の自分が癒され、未来の自分に希望が湧き、今の自分が輝きだします。

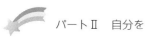

過去の自分と未来の自分をハグしよう

自分で自分をハグするとき、過去の自分と未来の自分をそれぞれイメージしてハグすると、ハグの効果がとても大きくなります。もう少しわかりやすくお話しすると、こんな感じになります。

【過去の自分をハグする】

両手を胸の上で優しく重ねて、自分の心を両手で包み込むようにして胸元をキュッと抱きしめてください。

もし、あなたの心の中に「あの失敗で自信がなくなった」と感じた過去の自分がいるとしたら、自分をハグしながら、その過去の自分をそのまま受け入れてあげてください。

それから、その自分に向かって「あのときの私、○○な気持ちだったんだ

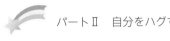

ね」「でも、あのときの私、頑張ったよね」「あのことがあったからこそ、人の優しさに気づいたんだよね」と、丸ごと受け入れて笑顔で語りかけてあげてください。

イメージトレーニングと似ていますが、自分の体をハグしながら行なうことで、さらに大きな効果が得られます。

【未来の自分をハグ】

両手を上に広げ、未来の自分をイメージしながら、その自分を丸ごと包み込むつもりで自分の体をハグしてください。

未来を完全に予測することは誰にもできません。なのに、私たちはありもしない未来の自分を想像して不安になりやすいのです。やっぱり未来の自分はダメだと悲観しやすいのです。

微笑みながら、まず不安いっぱいの未来の自分をそのままハグして受け入れてあげてください。続けて、「未来の私、楽しみにしているよ」「未来の私が楽しみだから毎日努力できるね」「輝いてるね、未来の私」と明るく語りかけてあげてください。

たったこれだけで、不思議と未来の自分を信じる気持ちが湧き上がってきます。時間もお金もかかりません。必要なのは、実際にやってみることだけです。未来の自分を信じられると、それにつれて、大切な人の未来も信じてあげることができるようになることでしょう。

ちなみに、自分の手で自分の体に触れると、適度な圧がかかり、副交感神経が優位になってリラックス効果がもたらされるといいます。

次に、過去の自分と未来の自分をハグする具体的な方法について説明します。

(1)過去の自分をハグする

私の知人に大学時代の同級生と二人で、女性が集まるコミュニティをボランティアで運営している女性がいます。子育てをしながら、日々ハードなスケジュールで働きながらも、いつも人の応援をしています。気遣いもできるほんとうに素敵な女性です。

何かの機会に「どうしてそんなふうになれたんですか」と聞くと、「親のおかげかな」と話してくれました。「とにかく、どんなことをやっても親は私のことを否定しなかった。信じて応援してくれたかな。おかげで私はなんでもできるんだと自信がついた」といいます。いわゆる自己肯定感が高いのです。

自己肯定感が高いとは一言で言えば、「自分のことを好きだ」と感じる感情です。この感情が弱いほど、「自分に自信がもてない」「自分のことを好きになれない」「未来に希望がもてない」「人とのコミュニケーションがうまくで

きない」……といった気持ちにとらわれやすくなります。

自己肯定感が低くなるのは、寂しかった自分、悲しかった自分、傷ついた自分、そんな過去の自分を抱えているからです。そんな自分を、まずは丸ごと受け止めることからはじめてください。

そのために自分をハグするといいのですが、ぜひ一緒にやってみてほしいことが6つあります。

1　今日一日の「いいとこさがし」

寝る前の時間をどんなふうに過ごしていますか。

その時間を少し、自分をハグするために使ってみてはいかがでしょうか。

お姑さんのお世話をしながら、幼い3人の子育てをしている女性がいました。とにかく毎日イライラしていて、そんな自分が嫌で辛いとおっしゃいます。

彼女は「私がきちんとしなくてはと思っちゃうんです。そう思うほどイライラしてきて、子どもが思うようにならないと許せなくなるんです。ほんとうに許せないのはきっと自分自身なんです」と、苦しそうにしています。

彼女もそうですが、まじめな人ほど自分を責めてしまいがちです。そのまま寝ても、良い眠りにならず、疲れを残したまま、翌日まで持ち越してしまいます。この悪循環を転換するために、寝る前にその日の自分をハグすることをすすめました。

それまでは「また長男を叱ってしまった」とか「やることだらけで部屋も片付けられない」とマイナスのことばかり思い出し、自分を責める気持ちを抱えたまま寝ていたといいます。

これからは「今日も無事に家族が元気に過ごせてよかったね」「朝昼晩の3食、美味しく食事が作れてよかったね」「天気がよくて、洗濯物がよく乾いてよかったね」と、思いつくかぎりプラスの言葉で自分に語りかけながら、自分をハグしてあげてくださいと伝えました。

その後彼女から、自分をハグしたら悪いことばかりじゃないと気づきました！　というメールをもらいました。

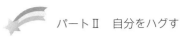

目の前のことに追われていると、やるべきことにばかり意識が行ってしまい、目に見える成果や評価にとらわれがちです。そのとき自分はどんなことを感じていたのか、どんな感情をかかえていたのか、そこに目を向けることを忘れてしまいます。

女性ならば、寝る前にお風呂に入り、お顔や体に化粧水や乳液をつけて水分補給をするでしょう。それと同じで、自分の心にも、自分をハグしながら栄養補給をしてほしいのです。

自分をハグしながら、今日一日の「いいとこさがし」をしてプラスの言葉をかけてあげてください。

このようにお話しすると、「いくら考えても、いいことは浮かんできそうにありません」という方がいらっしゃいます。そんなときは、「今日も良かったね」「今日も楽しかったね」と自分に語りかけることからはじめてください。きっといつか、今日良かったことが見つかるようになります。自分をハグしながら、それを自分に語りかけてあげてください。

2 「人生グラフ」をつくってみる

「今までの人生で、ものすごく充実感を味わったことはどんなことですか？」と聞くと、たいていは「大きなイベントをやり遂げたこと」「部活で必死に練習して試合で結果を残せたこと」といったふうに、苦労して成し遂げたことを挙げます。

たしかに何かをやり遂げることができたという充実感は、その後の人生の力になります。私も過去を振り返ると、どうしてあんな勇気があったのだろう、どうしてあんなに頑張れたのだろうと不思議に思うことがあります。

反対に、何をやってもうまくいかず不安でたまらなかったこともあるでしょう。あるいは、大した変化も刺激もないまま日々を過ごしていたこともあるでしょう。

そんな過去の人生を「人生グラフ」に描くと、過去の自分はどんな人生を生きてきたのかをイメージしやすくなります。次頁の図は人生グラフの一例です。グラフの縦線は感情のレベル、横線は10歳ごとに年齢を記入したもの

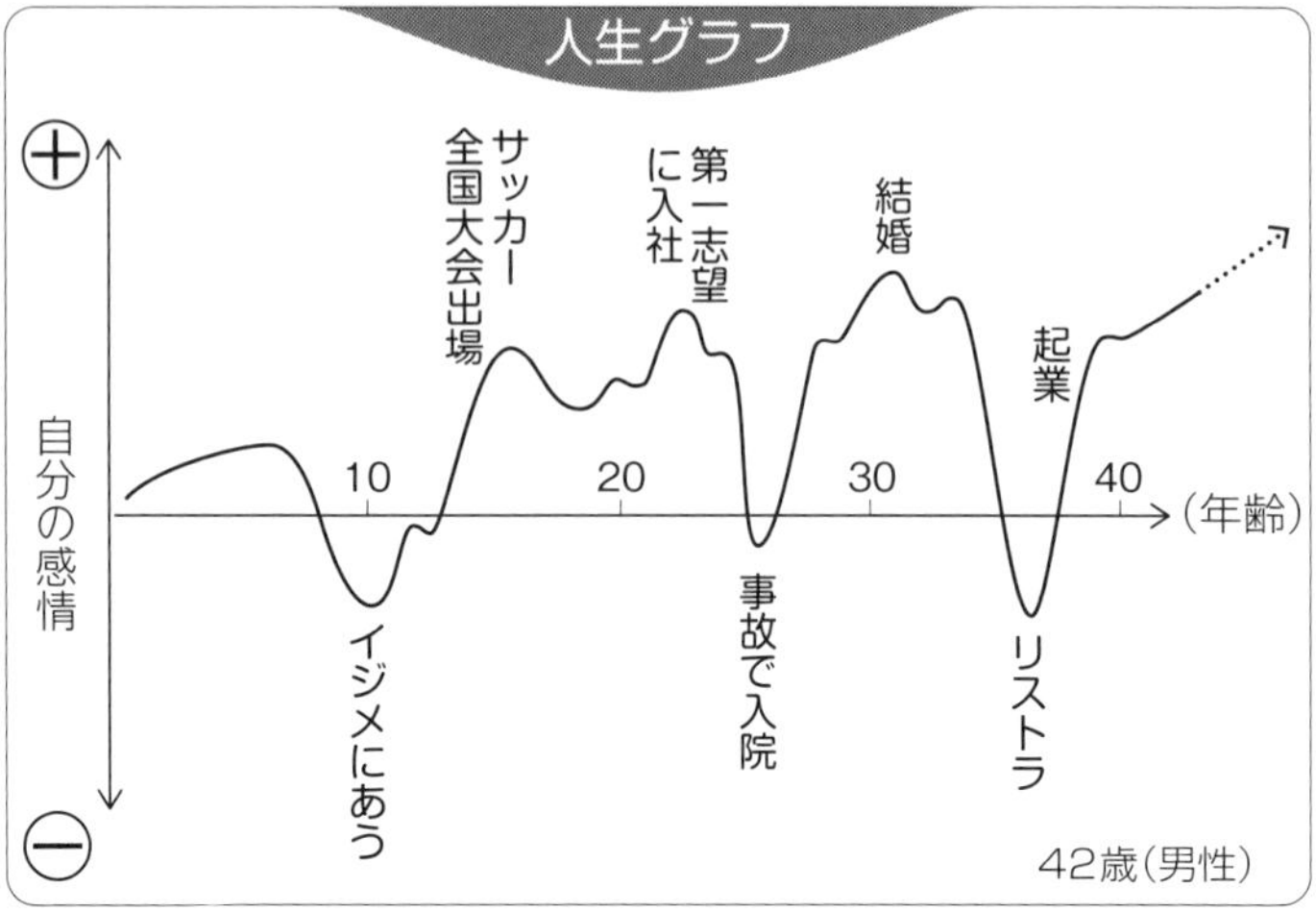

です。みなさんも人生グラフを描いてみてください。

どんな人の人生も平坦なことばかりではありません。楽しくて喜んでいたときの自分、辛くて苦しんでいたときの自分、いろんな自分がいたでしょう。大切なのは、どの自分も丸ごとハグして抱きしめてあげることです。

このとき、合わせてやってみてほしいことがあります。自分を人生の主役にして、楽しい映画のストーリーをつくってみるのです。誰に見せるわけではないので、自由に想像してつくってみてください。

私は、こんなストーリーを考えてみ

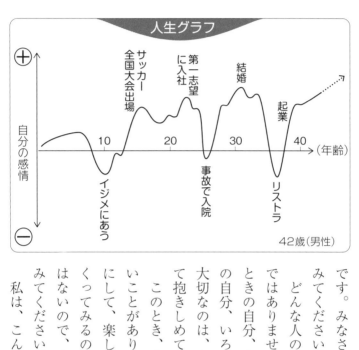

ました。映画のタイトルは「ラブギバー——愛を求め、愛を与えた女の一生」です。映画のイントロはこんな感じにしました。

「愛が欲しくて、愛を求めているだけのさと子の人生に、神様は『愛を与える』という試練を与えます。さと子は『マザーさと子』と自ら名乗り、目の前に次々と立ちはだかる困難に、一切争うことなく、ひたすら笑顔とハグだけで立ち向かいます。

さと子の冒険は今はじまったばかり……。スパイダーマンみたいにさと子が『マザーさと子』に変身すると、ラブギバー魂がピカッと光り、愛の力でどんな難事件も解決してしまいます！

これからはじまる物語は、さと子と彼女を取り巻く人々がさまざまな試練を乗り越えていく愛と感動の冒

険ストーリーなのです」

自分をハグしながら、こんな映画の主人公になった自分をイメージしてみるのです。困難にも笑顔で立ち向かう秘訣です。

3　気になったことを肯定的に解釈し直してみる

研修や講演をしたあと、私は必ず「受講生の気持ちになりきって」振り返ることにしています。それで気づいた良いところは強化し、改善点は次回に活かしますが、ときにはアンケートのなかに、かなり手厳しい指摘があって落ち込んだこともあります。

そんなときは、気になったことをそのままにせず、自分をハグしながら肯定的に解釈し直す作業を行なうことにしています。「この失敗があった【からこそ】、私はもっと成長できるので【よかった】」と思えるように、解釈し直すのです。

私の小学生時代の出来事で、ずっと心に引っかかっていることがありました。ある日、私が大好きだった先生から体育館の掃除をするように頼まれ、私はそれを気持ちよく引き受けました。それにもかかわらず遊びに夢中になって、うっかり忘れてしまい、掃除をしないまま帰宅してしまったのです。

翌日、先生から「さと子、お前のことを見損なったぞ」と言われてしまいました。ハッとした瞬間、忘れた自分が情けなくなり、申し訳ない気持ちでいっぱいに。私は自分を責めました。

何より私が傷ついたのは、大好きな先生の信用を無くしてしまったことです。その後数年間は、先生の言葉を思い出すたびに自分の体から力が抜けていくようでした。「さと子はダメな人間だ」「先生をがっかりさせてしまった」と感じた過去の自分が心の中に住み続けていて、自分のことが好きになれず、大切な存在であるとは到底思えませんでした。

そうすると友達も大切に思えなくなり、「どんくさい、のろい」と近所の友達に意地悪を言ってしまったこともあります。

私が傷ついた過去の自分から抜け出せたのは、その出来事を解釈し直すことができたからです。「あの失敗があった【からこそ】、私は約束を守ることの大切さを学べたし、忘れないようにメモを取ろうと決めたので【よかった】」と思えるようになったのです。

それだけではありません。あのときの先生の言い方はきつかったけれど、自分のことを思ってやさしく対してくれたこともたくさんあったと気づきました。

過去に気になることがあったら、そのままにしないでください。そのとき落胆したり傷ついたりした過去の自分をハグして受け入れ、「ありのままでいいよ」と語りかけてあげてください。そして、「〜【からこそ】、〜【よかった】」と解釈し直してみてください。

たとえば、「企画書が通らず作り直しになってしまった。時間が無駄になってしまった」と落胆している過去の自分がいたら、その自分をハグしながら「企画書が通らなかった【からこそ】、もっとわかりやすくて魅力的な資料を作ることができて【よかった】」と解釈し直してみてください。

4　親や恩師に自分のことをインタビューしてみる

「両親や恩師に自分についてインタビューをしてみましょう」とすすめています。これをはじめたきっかけは、私が次男と話していたときのことです。息子はいつも、亡くなった父親のことだと身を乗り出すようにして話に耳を傾けます。

「そのとき、パパはなんて言ったの？」「ママはどう思ったの？」と聞くので、こんな話をしたことがあります。

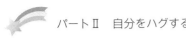

「パパは帰ってきて、あなたがすでに寝ていると、まっすぐベッドに行ってね、スヤスヤ眠っている幼いあなたの頬に口づけをするの。そして、やさしく頭をなでながら、いい子いい子するんだよ。あなたたちが生まれてからのパパの変貌ぶりを見て、ママも癒されて幸せだったよ」

話を聞いている息子の目はきらきらしていました。父親から「愛されていた自分」がいることを感じて、勇気が湧いてきたのでしょう。

この経験から私自身も自分の親や恩師に、自分についてインタビューしてみました。愛されていた自分、頑張った自分に出会うことができました。成人すると、なかなか昔の話などすることはなくなるものですが、たまには時間をとって親や恩師、友達とゆっくり昔のことを話してみることも自分の魅力を見つけるのに有効です。

そこで愛されていた自分を見つけたら、その自分に語りかけながらハグしてあげてください。

5　自分の人生ベスト10を選ぶ

毎年、年末になると「今年の10大ニュース」が話題になります。悲しい出来事が多いようですが、私の研修では、これまでの人生で自慢できることとベスト10を選んでもらっています。参考までに、私の人生におけるベスト10を紹介します。

①4歳のとき、母のケガで1年間親元を離れて暮らしたこと

②日本ハグ協会を設立したこと
③小学校のとき、可児市の水泳競技において背泳ぎで1位になったこと
④6年間バスケを続けたこと
⑤一度だけ、自分一人で車を運転して東京まで行ったこと
⑥パートで働いていたエステサロンで過去最高売上に貢献できたこと
⑦3週間で400人の集客をしたこと
⑧新聞にコラムを8カ月連載したこと
⑨愛知芸術劇場のコンサートホールに踊り子として立ったこと
⑩子どもを二人出産し、二人のママになったこと

どれも人から見たら大したことではないかもしれませんが、私にとっては一つひとつに大切な思い出があります。そのときはただ必死にやっていただけですが、あとになって振り返ると、どれも今の自分にとって価値あることばかりです。

あなたも、自分の人生ベスト10を挙げてみてください。考えすぎないで、心

に思い浮かんだことをそのまま並べていきます。次に、そこから心が喜ぶことを順に10個選びます。

次に、自分をハグしながら、その一つひとつをイメージして「よく頑張ったね」「よくやったね、私」と自分に語りかけてみてください。

6 自分を応援する

「さと子さんと会うと、ほんとうに元気になります」とか「さと子さんの話って、ほんとうにわかりやすくて楽しいですよね」などと声をかけられることがあります。今は素直に「ありがとうございます」「励みにします」と受け取ることにしています。

ときには、「え？ 今なんて言った？」と笑いながら二度聞きしたり、「どの辺りが？」「もう少し詳しく聞かせて」などとしつこく（笑）聞きながら「うれし～♪」と自分をハグしちゃいます。

そんな私も、以前は素直に受け取れず「そんなことないですよ」と、せっかくいただいた言葉を否定していました。でも、せっかく応援してくれているのにもったいないなと思い直し、素直に受け止めて、できるだけその言葉を心の引き出しの手前に入れておくことにしています。

机の引き出しにいくつか消しゴムを入れてあるのに、使うのは手前に置いてある消しゴムだけということはありませんか。奥には、まだ使っていない新しいキレイな消しゴムがあるのに、手前にある小さな消しにくい消しゴムばかり使ってしまいます。

心の中にある言葉もそうです。いい言葉はできるだけ心の引き出しの手前に置くと、すぐに思い浮かべやすくなります。

愛されていた過去の自分、楽しんでいた過去の自分を見つけたら、できるだけ心の引き出しの手前にその自分を置いておき、自分をハグしながら、その言葉で自分に語りかけてあげてください。

【ほっとブレイク】朝の5分を自分のための時間にする

子育て経験、家事の経験がある人は、朝起きたら「自分のことよりまず子どもの授乳」、「自分のことよりまず家族の朝ごはんの支度」、「自分のことよりまず洗濯機を回して」と、自分のことを後回しにしていませんでしたか？

自分のために朝5分早く起きて、鏡を見ながら顔マッサージをするとか、5分間読書をするなど、朝いちばんの5分間を自分のために使ってみませんか。たった5分ですが、気持ちが軽やかになり、笑顔になるはずです。

(2) 未来の自分をハグする

「10年後の自分はどうなっていたいと思いますか?」

こう聞かれても、かつての私はまったく答えることができませんでした。10年後にどんな自分になっていたいかなど考えたことがなかったからです。そのころ下の子は3歳で、私はなんの資格もない二人の子持ちの主婦でした。

かつてはモデルをしていた時期もありましたが、もうモデルをやる年齢ではありません。でも、このままではいたくないと思い、子育てをしながらできる仕事を考えました。

30代は人を輝かせる仕事がしたいと思った私は、エステの仕事をはじめました。顔のエステをしてメイクサービスまでする仕事で、働くのはわずかな時間でしたが、毎日が楽しくてしかたありませんでした。

働きはじめたころ長男は小1、次男は年中さんで、二人が成長する姿を見

るのは楽しかったけれど、こうして少しずつエステの仕事をしながら、私の第二の仕事人生についてぼんやりと考えていました。

サロンのお客様の年代層は広く、10代の学生さんから80代のおばあちゃんまでいます。私はここで、毎日女の一生を見ていたのです。話していると、「高木さん、小さい子ってほんとうにかわいいでしょ。でもね、高校生ぐらいになるとね、メシ！　金！　しか言わなくなるわよ」「ダンナがね、定年になるとね、毎日家にいるのよ。どうする？　毎日お昼は麺類だわよ、ラーメン、そば、うどん。そんなに毎日一緒に食べられる？」といろんな人生訓も飛び込んできます。

そのうちに、「今は幼いわが子たちも、やがて私の手を離れて自分で学校へ行き、彼女をつくって家に寄り付かなくなるかも。この子育て人生もあっという間だな」と考えるようになりました。

私の50歳はどうなっているんだろう。それは当時30代の私にとって想像もつかないほど先のことでした。ふと、ぶくぶくに太って、おせんべい食べながら、ソファに横たわって退屈そうにワイドショーを見て不満ばかり……。こんな自分をイメージできてしまったのです。

そのイメージをふり払おうと思っても、自分でどうしたいのかが浮かんできません。「あれをしてほしい」と人に依存する思考はあっても自立的な思考が停止していたのです。結婚した時点で、自分の人生を自分でどうするという感覚はなく、幸せは夫がつくってくれるものだと信じていたのかもしれません。

でも何となくですが、いつまでも自分がずっと元気で明るいお母さんでいたい、そして50歳くらいで子育てがひと段落したころには、自分が必要とされるくらい社会と関わって生きていたい。そんな漠然とした夢をもちました。

それからは、「今日どうするか」という未来だけではなく「今年はどうしたいか」「3年後はどうしているか」など、人生を時間軸で考えることが習慣になってきました。遠い未来から今を見ると、今日のことが大切だと思えるし、愚痴や文句が減るということを経験しました。夢には力があるとそのとき初めて知ったのです。

自分の未来に対するイメージがどんなものだったとしても、まずはその自

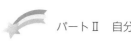

分をハグしてあげてください。それから、本当はどんな自分になりたいのか心から思い描いて、きっとそんな自分になれると語りかけてあげてください。最初はうまくできないかもしれません。そんなとき、未来を自分の力に変えるためにやってほしいことが5つあります。

1　未来の自分を思い描く

子育て中のお母さんたちと一緒に、未来の自分を描くワークショップをやることがあります。そのとき、みなさんが気づかれるのが、描いた未来の主役が自分ではないことです。「子どもが水泳で100メートル泳げるようになる」「子どもの成績が上がる」「子どもが受験に合格する」となっていることが驚くほど多いのです。未来の夢や目標の主役が自分になっていないのです。

そこで、たとえば「子どもが100メートル泳げるようになる」ではなくて、「私は子どもが100メートル泳げるよう、やる気が出るサポート方法を身に付け、それを人にも伝えている」と、描いた未来の主役を自分にする作

業をしてもらいます。
私は日本ハグ協会のホームページのトップにも描かれているシンボリックな「母大樹」をとても大切にしています。小さな事務所ですが、壁には大きな母大樹の絵が飾られています。
3本の木の真ん中の一番大きな木は「自分の木」です。向かって右の木が「家族の木」、左側が「社会の木」です。
自分の木がしっかりと大地に根を張り幹を太く強くしていけば、たくさんの花が咲き実がなることでしょう。自分の存在が大きくしっかりすれば、家族の木にも良い影響を与えるので、家族の木も強く大きく育っていきます。

自分と家族の木が強くたくましくなれば、社会の木も強く大きく育ちます。つまり、仕事や人生を通して、社会に価値を提供することができるようになります。

ところが、左の社会の木を育てることばかりに集中してしまうと、自分の木も家族の木も栄養不足になり、細くなって倒れてしまいやすいのです。自分の木を太く強くしてこそ家族の木も社会の木も強く育つのです。

そう、まず自分がいちばん幸せにしてあげなければいけないのは自分自身なのです。

この母大樹を描いてくれたのは画伯かめろうさんです。

当時の私は「私には何もない」「私には価値がない」こんなふうに考えてしまうことがよくありました。

日本ハグ協会のコンセプトを1枚の絵に描くため、一緒に考えてくれていたかめろうさんに「私には、なんにもないもん……」と、ぽつりとつぶやいたとき、彼は急に真剣な顔で私に言ってくれました。

「さとちゃんは二人の子どもを育ててきたじゃん。お母さんなんだよ。それってすごいことだよ。もっと自信持って！」そう言ってくれたのです。

「そっか……それってすごいことなんだ」

私の強みって「お母さん」だっていうこと？　これが「マザーさと子」という呼び名が決まった瞬間でもありました。

お母さんってすごい！　理想のお母さんを「マザー」と名付け、「マザーとは、人の可能性を信じ、その未来を輝かしいものにすることを決してあきらめないスキルと人間力を備えた人」と定義しました。その「マザー」を未来の自分として目指そうと決めたのです。


日本ハグ協会では、ワークショップで自分の母大樹（マザーツリー）を描いてもらっています。未来を描くとき、主役は自分です。自分の木を太く大きく描いて、そこに自分がわくわくする未来のことを言葉にして書き出すのです。あれをやりたい、これをやりたい、将来の夢、希望など、思いつくこ

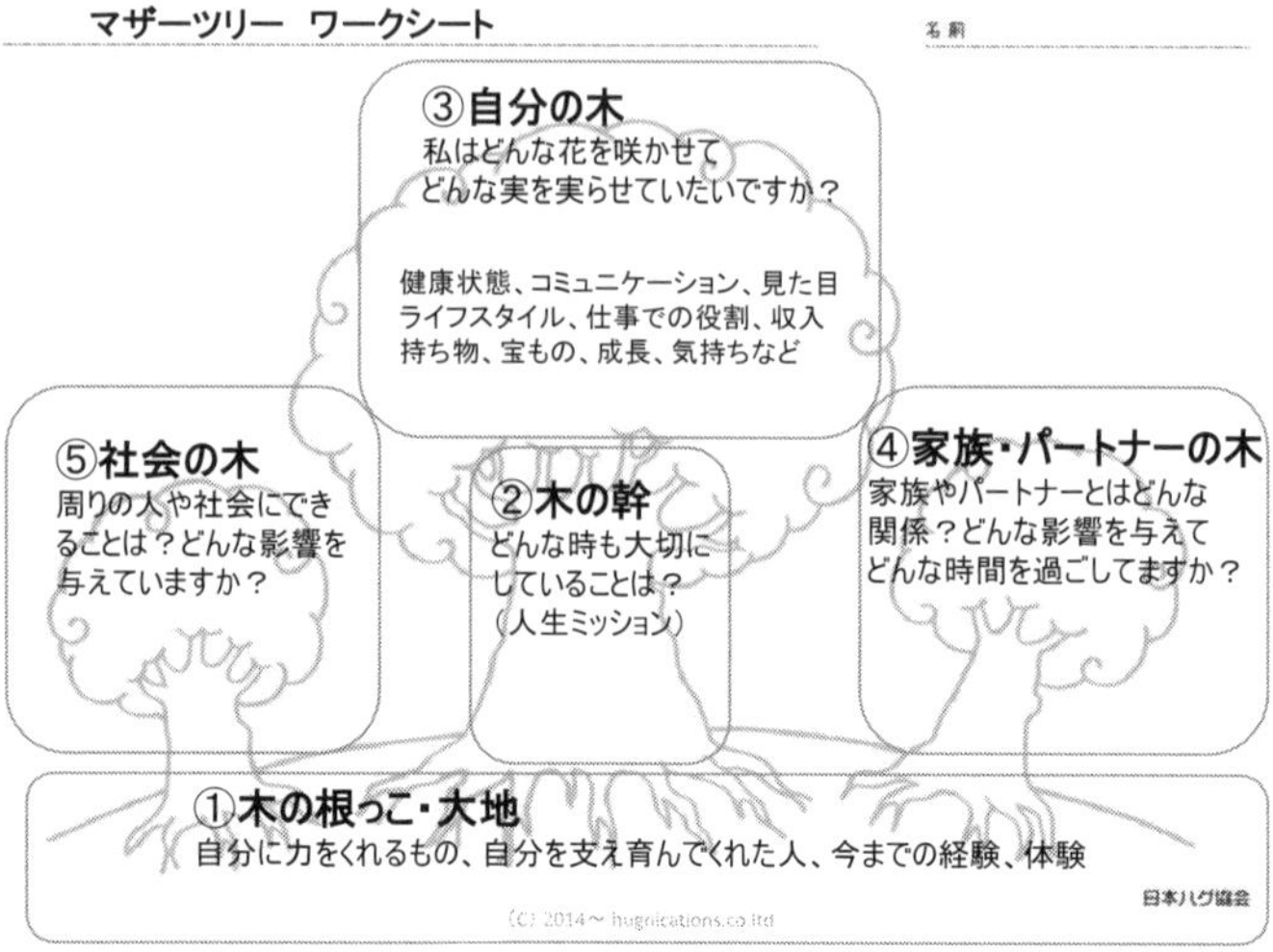
マザーツリー　ワークシート
名前
③自分の木
私はどんな花を咲かせて
どんな実を実らせていたいですか？
健康状態、コミュニケーション、見た目
ライフスタイル、仕事での役割、収入
持ち物、宝もの、成長、気持ちなど
⑤社会の木
周りの人や社会にできることは？どんな影響を与えていますか？
②木の幹
どんな時も大切にしていることは？
（人生ミッション）
④家族・パートナーの木
家族やパートナーとはどんな関係？どんな影響を与えてどんな時間を過ごしてますか？
①木の根っこ・大地
自分に力をくれるもの、自分を支え育んでくれた人、今までの経験、体験
日本ハグ協会
(C) 2014～ hugnications.co.ltd

とを書いてもらいます。自分の木が埋まってくると、家族の木、社会の木に書くことも自然と湧いてきます。大切な家族や社会とどうつながりどう貢献できるかが見えてくるようになります。

昨年のハグの日のイベントでは、大人も子どもも夢中になってマザーツリーを描く姿が見られました。ほんとうはみんな、自分の未来に興味があって自分の未来にわくわくしていたいんですよね。マザーツリーに興味がある方は、ワークシートをダウンロードして描いてみてください（http://hug.sc/campaign/mother-tree.pdf）。

こんなふうにお話ししても、それで

も未来の自分なんか思い浮かばないという人は、「この人みたいになりたい」という人を思い浮かべてみてください。その人はどんなファッションで、どんなライフスタイルで、どんな本を読み、どんな人と付き合い、どんなことに大切な時間を割いているかイメージしてみます。それに未来の自分を重ね合わせてみます。

未来の自分を思い描けたら、ぜひやってほしいことがあります。その自分をハグすることです。

たとえば「1年後、さと子は～な私になっている！」と、自分に語りかけながら自分をハグしてあげるのです。きっと、その未来の自分が今の自分とつながってくるはずです。

2　「なぜか」を考えてみる

「大学に合格した未来の自分」「医者になった未来の自分」「ミュージシャンになった未来の自分」「結婚してお母さんになった未来の自分」そんな未来の

自分を思い描いたら、もう一つやってほしいことがあります。それは、その未来の自分になりたいのは「なぜか」を考えてみることです。

「大学に合格した未来の自分」を思い描くなら、「学生だからできるいろんな体験をして、チャレンジ精神を育てる」といったふうに「なぜか」を考えることで、未来の自分の姿がさらに鮮明になります。

「結婚してお母さんになった未来の自分」なら、「なんのために」「なぜ」結婚するのかを考えてみます。「あたたかい家族をつくることで自分にとっても家族にとっても生きる喜びを共感しあえる安心できる場所を作りたい。そのプロセスでお互いに成長したい」たとえばこんな感じです。

ところが「なぜか」を考えないまま結婚すると、家族の予定に振り回されて自分の時間が持てない、自分ばかりが犠牲になっていると考えてしまいやすいのです。

私の親戚のおばさんから言われた言葉があります。「さとちゃん、結婚したら食事の時間を大切にしてね。物を食べるということは人の喜びなんだよ。大勢で食べるにぎやかな食事でも、一人で食べるコンビニ弁当でも、人は食べ物が目の前に来ると一瞬笑顔になるんだよ。だから食事の時間を大切にしてほしい」

私は、その言葉を聞いて、「なぜか」を考えました。それで結婚してからは食事の時間を「家族で喜びを共感しあえる場」にしよう、テレビはつけず今日あったうれしかったこと、楽しかったことをできるだけ話したり聞いたりするようにしようと心がけてきました。

今は息子たちも大きくなり、家族揃って食事をする時間は本当に少なくなってしまいましたが、わずかな時間だったとしても、スマホを触ったりテレビを観たりせず可能な限り一緒に座って会話をすることを心がけています。

「なぜか」を考えておくことは、行動するときの力になるのです。

3　未来の自分を信じてあげる

人はいかなる状況に置かれても、未来の自分を思い描く力があり、その自分を信じることができれば、目の前の問題をチャンスに変えて前に進むことができます。私も、未来の自分を思い描いてハグするとき、必ずその自分に「信じているよ」と笑顔で語りかけるようにしています。すると、もっと大きな力が得られるからです。

私の周りには、ハグの活動を応援してくださる方々や会員さんがたくさんいらっしゃいます。ミーティングに参加してくださる、イベントをボランティアで手伝ってくださる、何より私では気づけないアイデアを提供してくださるといったふうに、それぞれの立場で力強く応援してくださいます。

そのなかで、プロジェクトリーダーとして支えてくれるのが「マザーあき」こと前畑明子さんです。次々に湧いてくる私のアイデアを黙って笑顔で聞いてくれます。講演や研修プログラムを作るときは冷静な意見を出してくれます。裏方として私を支えてくれる美しい女性です。

彼女が中心になって取り組んでいるのが「ハグニケーション講座」の紙芝居マイスターを養成することです。まず１００人を養成することを目指しています。学校の先生にもマイスターになってもらうこと、さらに世界に広げていくことも目標です。

彼女を見ていると、いったん思い描いた未来の自分を信じて行動する力がすごいのです。数値目標を明確にし、自分でできることは外に頼まずやってしまいます。たとえばチラシの製作は外注せず、チラシ作成講座に行って勉強し、自分で作ってしまいます。

自己肯定感を高め、生きる力を育む紙芝居マイスター養成講座をはじめて一カ月目には、三重県名張市の子育て講座がきっかけで、子育て支援センターや学校の先生、保育士さんなど27人を認定させていただきました。海外でやりたいという受講生も現われました。

彼女はいつも私を支えてくれますが、信じるのは私の顔色ではなく、未来の自分なのだと思います。

もともと自信のある人なんていないと思います。しっかり未来の自分を思い描くこと、その自分を信じて行動すること、小さな成功を積み重ねること、それを継続していれば、きっと自信がもてるようになります。

自分をハグしながら、未来の自分に「信じているよ」と語りかけてあげてください。

4　未来の自分をほめる

思いきって、自分はこんな夢をもっている、こんな目標があると話したのに、現実はそんなに簡単ではないと否定されることがあります。「やっぱり、そんな夢なんか、そんな目標なんか実現できるはずがない」と落胆してしまうかもしれません。

せっかく未来の自分を思い描いたのなら、それを否定しないでください。「未来の私、すごいね、最高！」「いいことやっているんだね、未来の私」「すごいね、未来の私、そんなことまでできているんだ！」と、未来の自分をハグして思いっきりほめてあげてください。

あるお宅をお邪魔したときのことです。その家は築20年だというのですが、新築のようにキレイなのです。「何か、手をかけているんですか？」とたずねると、「毎日、『かっこいい～』『きれい～』『おしゃれ～』と、家をほめているんです」とおっしゃいます。

家をほめるって、どういうことでしょうか。木造の家ならば木でできていますから、たとえ加工された木でもいのちが宿っているのかもしれません。ですから、ほめられると家もイキイキして、キレイになるのでしょう。

ほめることには、それくらいパワーがあるのだと思います。私の未来の自分は、ハグの文化のない日本でハグを広め、「日本流ハグの作法」を世界に逆輸出しています。その自分をハグしながら、「未来の私っていい！」「未来の私のやっていることって最高！」とほめていたら、ある日スタッフが「さとこさん、ビジョンは日本だけではなく世界にしましょう。今年はハグを世界170カ国に逆輸出しましょう」と言い出したのです。

すると、ご主人の仕事でトルコに引っ越すという女性が講座に参加することになりました。その彼女が、私もトルコでハグを広める活動をしたいと言い出し、日本ハグ協会で製作したワーク付きの紙芝居『ゆうくんとはぐはぐさん』を使って、現地でハグニケーションを伝える活動をはじめたのです。

自分をハグしながら未来の自分をほめていると、いろんな人が引き寄せられてきて実現していくことを実感させられました。

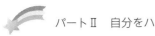

5　未来の自分と約束する

私は森の中を歩くのが大好きです。お気に入りは東山動物園の周りの東山1万歩コース。森はいつも惜しみなく自然の恵みを与えてくれます。

自然は偉大な先生です。大きく広げたその葉は夏には涼しげな木陰を用意してくれます。秋になれば葉は色づき、美しい姿に変化します。やがてその葉を落とし自らの養分にし、春になれば誰かと約束したかのように柔らかな新芽を芽吹かせてくれる。自分で動くことのできない木は、外敵からの刺激や攻撃から自らを守ろうとする強い力があるのだそうです。

自然はいつも私に大切なことを教えてくれます。木は木として生まれ、その役割を継続することで自分を強くたくましくしています。

「自分の人生の使命はなんだろう」「私の生まれてきた意味はなんだろう」

私はそんなことを思いながらも、自分探しをしたり、明確な使命を見つける時間も心の余裕もありませんでした。

悲劇のヒロインのような気持ちになり、悩んだ挙句に当時勉強会に通っていた福島正伸先生に相談しました。すると、「これからどんな形で乗り越えるのかわからないけど、僕には、今よりも幸せで輝いているさとちゃんの未来の姿が見えてるよ」と、いつもより真剣な表情で話してくれました。

続けて、「今が最悪だと思うなら、たくさん写真を撮っておいて！　それが後で必ず伝説になるから」そんなことまで言うのです。

今、自分は最悪だと思っていたとき、私は未来が見えなくなりました。でも、そんな最悪なときに「超大切なことを、超楽しそうに伝える！」そう決めて「日本ハグ協会」を立ち上げたのでした（今考えてもおかしいですよね。笑）。

活動をスタートして、自分をマザーさと子と名付けました。

自分に役割を与えること、役割があるということ、これはとても生きる力になりました。ハグを楽しく広めようと名古屋テレビ塔様、九州スペースワールド様では楽しいハグスポットをつくることができました。カリスマ振付師の香瑠鼓さんには、ハグダンス制作から演出まで快く関わっていただけたことでハグの素晴らしさを再認識することができました。

今までやっていた講師の仕事も変わらずやりながら、そこにどんどんハグのエッセンスを加えはじめています。

「こうしたら楽しいね」は、相手目線というより、最初は自分目線だったかもしれません。それでも実践しながら改善を繰り返していくうちに、「うちでもやってよ」「もっと学びたい」「これいいね！」と声をいただくようになり、教育としてのハグニケーションも講座として確立することができました。

じつは活動をはじめた当時、中学生の息子たちにとって私の活動は、あまり格好いいことではなく、友達からも「おまえのかーちゃん、なんの仕事してんの？　この前テレビ出てたよな」と、からかわれることもあったようです。

それでも私は、未来の自分と約束をしたのだから続けようと思いました。息子たちは、きっとその姿を見て成長してくれるはずだと考えたのです。

それがどこまで伝わったかはわかりませんが、今は息子たちも、それぞれに未来の自分を思い描き、自分の目標に向かって進みはじめています。

家族の夢を絶対に否定しないで応援しようとお互いに決めました。それからは、家族の中のエネルギーの循環がとてもよくなり、お互いストレスを感じないで交わることができています。家庭内にブレーキになるものがなく、お互いの活動を応援し合うパワーはとても心地いいものです。

人を応援できる人になるには、存在の力、コミュニケーションの力、愛の力の3つの力が必要です。

存在の力とは、まずは自分が相手の見本となり、尊敬されるような行動をし、自分自身が魅力的な存在になること。

コミュニケーションの力とは、笑う、挨拶する、握手をする、聴く、認める、問いかける、褒める、共感する、励ます、事実を言う、感謝する、ハグするなど、相手と具体的に関わることで相手に直接、影響を与えるコーチとなること。

愛の力とは、相手を信じ応援することのできる力のことです。

これら3つの力を備え、自分を信じることができれば、「この人はきっとできる」「この人はきっと大丈夫」と心から人の可能性を信じることができるようになります。

子育ても人材育成も感情を持った人がするものだからこそ、うまくいかないことがたくさんあるのは当然のことです。うまくいかないときこそ知恵が生まれ、そこには学びや成長の種があるものです。

だからどんなときも、幸せになっている未来の自分を思い描いて、その自分をハグしながら、「必ず約束守るからね」と語りかけてください。きっと、あの約束を守ってよかったと思える日がやってきます。本当の使命は一生わからないかもしれない、でも目の前のことを一生懸命やっていると「これが使命かもしれない」、そんなふうに思えてくる瞬間があるのです。

私の挑戦もはじまったばかりですが、この本を書きながらあらためて自分と約束しました。

「生まれてから今まで一度も離れることなくずっと一緒にいてくれる自分とハグする習慣を忘れず、家族や仲間をハグする習慣を忘れず暮らしていこう。

そして、世界中にたくさんの人がいる中で、この本を手にとってくださった運命の人にハグする習慣の素晴らしさをわかりやすく伝えよう」

私は、一時は自分の未来を「最悪だ！」と決めていた人間です。でも、自分で自分の未来を「最高〜♪」と描くことだってできるのです。

自分をハグし、自分の未来と約束をして、それを300人の前で伝えました。さらにインターネットで世界中に宣言！

自分でも驚くこの行動に、自分がいちばん勇気をもらうことができました。

最後にみなさんに質問です。

「未来の自分と約束していることは何ですか？」

「そのために今日何をしますか？」

あなたとあなたの大切な人が笑顔になりますように。

おわりに

認定NPO法人テラ・ルネッサンスの鬼丸昌也さんをご存知でしょうか。2004年にウガンダに行って以来、アフリカで強制的に「子ども兵」にされた経験のある子どもたちの社会復帰を支援されています。128円だった月収が7000円になったとき、43%だった自尊心が73%へと高まったそうです。

人は、働くことで自分の役割を持ち、社会から必要とされていることを感じることができます。それが、生きる喜びや自分の存在意義の自覚につながっていきます。あるとき、鬼丸さんがこんな話をしてくださいました。

「自分をヨシヨシできるから、人を支援することができるんだ。だからね、自分をハグすることっていちばん大切なんだよ！　自分自身のことを喜べないのに人に手を広げるハグは本物のハグじゃない。まず自分をハグしてヨシヨシすることからはじめよう」

自分をハグできるようになると、心から人を応援しようと思っている自分がいることに気づきます。家族だけでなく、友達やご近所さん、仕事仲間、お客様や取引先の方、いろんな人たちをできるかぎり応援したいという気持ちがあふれてきます。それが、相手に自分の魅力として必ず伝わります。

「この人と話すと、なんだかやる気になる」「この人と一緒に活動したい」と言われる人の共通点も、そこにあると思います。

「どうしたら自信がつきますか?」

こんな質問をよくいただきます。私の研修のいちばん最後のシートには「自分との約束」というシートがあり、こんなメッセージが書いてあります。

……………………

笑顔でわくわくした人生を手にするためには

「じぶんとの小さな約束を、ひとつひとつ守っていくこと」

その積み重ねだけが、「自信」につながっていきます。

その過程を「成長」といいます。

人の人生は、成長の連続です。

どうぞ楽しんで♪


…………………


そう、自分をハグするのは、ただの癒しではありません。

自分で決めて自分で行動して、自分で結果を出す。

自分を信じられるから、人を信じられるようになります。

だから、ハグの順番は、

「自分をハグ、家族をハグ、みんなをハグ」

人は人で幸せになる。
だから
大切な人を抱きしめてみよう。

ハグの素晴らしいところは、今すぐできて効果抜群、いくらやっても時間もお金も労力もかかりません。必要なのはほんの少しの勇気かな。

日本ハグ協会は、大切な人をハグする、自分をハグすることを通して、日本の社会を明るくすることを目指しています。今日までこの活動を進めてくることができたのは、数え切れないほどたくさんの方々のご協力、ご支援があるからです。その成果を本書でお伝えできることに心から感謝しています。

みなさんの未来がますます素敵になりますように。はぐはぐ。

日本ハグ協会　マザーさと子

「ありのままでいいよ」が一瞬で伝わる ハグする習慣

2016年8月25日　第1刷発行

著　者——高木さと子

発行人——杉山　隆

発行所——コスモ21
〒171-0021　東京都豊島区西池袋2-39-6-8F
☎03(3988)3911
FAX03(3988)7062
URL http://www.cos21.com/

印刷・製本——中央精版印刷株式会社

定価はカバーに表示してあります。

ISBN978-4-87795-340-9 C0030